シリーズ教師のしごと

2

生活指導と学級集団づくり 小学校

全生研常任委員会 企画
竹内常一 編集代表
小渕朝男・関口武 編著

高文研

「シリーズ教師のしごと」刊行の辞

教育基本法が廃止され、新教育基本法が制定され、二〇一五年現在で一〇年を経過することになったが、それで学校は子どもと教師と保護者にとって「幸福追求」の「場」になっただろうか。

最近、ある小学校教師から学年始めの同僚教師たちの動き方を聞く機会があった。かれによれば、「学年始めの学級担任のしごとは、一人ひとりの子どもによって生きられている生活と学習の現実を知り、その現実をよりよいものに変えたいと願う一人ひとりと子どもと集団のニーズを引き出すことであるはずなのに、いまはまったく違う」。

「教師たちが学年始めにすることといったら、アンテナを高く立て、職場の空気を読み、力関係をおしはかり、足並みをそろえる気遣いをし、力あるものにたいする自分の立ち位置を定めようとすることだ」という。

「しかし、」とかれは言葉をついで、「いちばん困ることは、この教師たちの『関係づくり』のなかで教育実践のすすめかたがなんとなく決まっていくというか、無自覚、無責任に画一化していくということだ。どのクラスの学級目標も同じとなり、教科書、ワークブックの指導の進度も同じでなければならない」ことになる。

最近は、こうした傾向が強くみられるのは「道徳」の授業だ。「もう文科省（文部科学省）は強制しなくても、こうした教師たちからなる学校は文科省の先を行っている」と怒りをにじませて話したが、文科省もこうした教師たちによって「積極的な市民性」などを育てることは不可能だと思っているに違いない。

こうした話を聞いた折も折、教師にたいするふたつの政策が自民党教育再生実行本部と文科省において構想されているという報道に接した。

そのひとつの自民党教育再生実行本部の構想は「教員免許の国家資格化」といわれるものである。それは、大学において教員養成課程を履修した後に国家試験と一～二年程度の学校でのインターンを経て初めて教員免許状を授与するというものである。

いまひとつの文科省の構想は、小・中・高の教員が段階に応じて身に付けるべき能力を示した「育成目標」をつくり、教育経験や学校内の役割・地位に応じて必要とされる「育成目標」を選択・研修して、キャリアアップしていくことを促すというものである。

二つの教員政策の構想は、改憲のプログラムの具体化に呼応して、学校のあり方、教師のしごとの仕方をこれまで以上に大きく変えようとする「教育改革」の一環である。

その「学校改革」は、一方では、「道徳」「公民」の特別教科化と「ゼロトレランス」の採用、他方では、「授業のスタンダード」と「ビッグデータにもとづく子どもの学習のシステム化」として具体化されつつある。

こうした憲法改正と歩調をあわせた「教育改革」と教員統制のなかで、教師たちは教師としての仕事ぶりを問い、迷い、たちつくす日々を送っているのではないだろうか。そればかりか、教師としてのアイデンティティーを根底からゆさぶられているのではないだろうか。

そうした時代を生きる教師の迷い、揺れ、絶望に応えるために、私たちは第一巻『生活指導とは何か』、第二巻『生活指導と学級集団づくり　小学校』、第三巻『生活指導と学級集団づくり　中学校』からなる本シリーズの刊行にふみきった。シリーズの執筆者は全国生活指導研究協議会（一九五九年創立）に属する実践家と研究者であるが、「生活指導」という教師の営みは子どもの生活と生き方の指導をとおして学校と教師のあり方を問いただし、子どもたちが自分たちの未来を切り拓くことに責任を負う実践であるところから、本シリーズのタイトルをあえて『教師のしごと』とした。寛恕されたい。

編集代表　竹内　常一

まえがき

いま小学校は「学力テスト」対策に追われ、何でも形をそろえさせられ、道徳の教科化に向けた動きが広がっています。そのなかで教師は疲弊し、子どもたちは傷つき、戸惑いや葛藤の表出さえできなくされています。

そのおおもとは二〇〇六年の教育基本法改定による「教育再生」政策にありますが、学校での根本的な問題性は子どもたちに〝遊び〟が保障されず、〝学びあい〟が奪われていることです。その代わりに例外を許さないような強制権力が働き、強迫的で効率優先の生活が待っています。それで学校生活が楽しくなるはずがありません。裏を返せばそれは、教師が〝遊び心〟を忘れ、実践創造への意欲を削がれていることにほかなりません。

そこから、子どもの指導をめぐる〝おかしさ〟が広がっています。

①そもそもの〝子ども観〟が忘れ去られています。本当は子どもって「おもしろい」存在です。大人が考えつかないことを始めます。すぐに気分を変えてくれます。優しくもありイジワルもし

ます。「おせっかいで、生意気で、おしゃべり」でなければ成長しません。けして大人・教師に都合のよい「かわいい子」にしてはならないのです。

②子どもの成長・発達を無視した指導が横行しています。低学年の子どもに高学年的な行動様式が強制されます。高学年になっても低・中学年的な反応や発想しか求められません。どの学年の教師も同じように同じような注意や要求を発しているのが現実です。発達に欠かせない時間・空間・仲間という「三つの間」も完全に奪われているのです。

③子どもの〝活動〟が時間的にも空間的にも保障されず、やせ細っています。決められた行事や奉仕作業が優先され、話し合いや文化活動にかける時間が極端に減っています。あっても、形式的で内容が薄く、子どもが夢中になって取り組み、学ぶことがありません。子どもの発想を生かす自主的で自治的な活動場面が見られなくなっています。

④何かトラブルがあると個別指導に終始するという傾向があります。ともかく無難に収め、問題を広げたくないという対処です。もめごとの当人だけが呼び出され、「ごめんなさい」「いいよ」のやりとりで済ませてしまったら、それ以上に何も生まれません。本当はトラブルのなかで学びあい、トラブルを解決するなかで集団が育つのです。

⑤本当の意味で子どもの人権が尊重されていません。「いじめゼロ」の掛け声で目を光らせますが、子どもの世界を見ようとせず、呼吸が伝わりません。一人一人の反応が無視され、異議申し立てや意見表明が抑えられてしまえば、子どもたちは何が起きても自分とは関係ないと思って

しまうでしょう。「子どもの権利条約」に謳われている子どもの権利も忘れ去られています。

学校の現状とともに、子どもにとって「安全・安心」のベースとなる家族・家庭の複雑な状況も見逃せません。親自身がストレスを抱え、精神的不安定にある例が増大しています。とりわけ、「六人に一人」といわれる「子どもの貧困」は深刻な問題です。非正規雇用やひとり親世帯が増えるなかで生活が困窮し、貧困と格差はますます悪化しています。親との関係に悩み、家の経済状態を気遣っている子どもは少なくありません。

そうしたなかで、保護者の戸惑いをどう受け止め、保護者の苦悩にどう共感していくかが問われます。そして、保護者の力を借り、保護者とともに子どもたちをどう育てるかが重要な課題です。保護者は〝実践のパートナー〟です。

小学校教師、とりわけ学級担任はどうしても課題を一人で抱え込みがちです。子どもとの関係の入り口でつまずいている人、保護者との関係をこじらせている人、同僚・同学年教師との関係に悩んでいる人はたくさんいるでしょう。でも、その悩みは〝誠実の証し〟ともいえます。だから、それを「ヘルプ」の声にして広げていきましょう。

本書はそうした悩みに応え、実践のイメージや見通しがもてるように、「シリーズ・教師のしごと」第二巻として刊行されました。第一巻『生活指導とは何か』の理論編を受けての実践編〈小学校版〉となります。

本書の構成は次のようです。一章の巻頭論文では、二章以下で報告されている実践記録にも言及しつつ、小学校における生活指導の課題について論じています。二〜六章では実践記録を五本とりあげ、それぞれに解説を付しました。巻頭論文および各章の解説から、実践記録についての複眼的な見方が得られるようになっています。諸事情が複雑に絡まっている状況下で営まれる教育実践の見通しを考えるうえで、実践に対する多様な見方を照らし合わせて、自分なりの教育の指針を確立するための参考にして頂ければ幸いです。最後の七章は、子どもにとってばかりか、教師にとっても生きにくい場となってしまっている今日の学校で、教師として何を拠り所にして教育に向き合う必要があるかを論じています。

本書が日々の実践のヒントになり、教育の指針になっていくことを願っています。

二〇一六年三月

浅見　慎一

●——もくじ

II　つながりあう少年期の集団を育む指導

実践記録　回り道しながら大きくなろう　（里中　広美）

Ⅲ 同調と排除の学級空間を自由な共生世界に変える

Ⅳ　少年期・思春期の「自分づくり」に寄りそう指導

Ⅴ　豊かな活動とリーダーの指導から始める集団づくり

実践記録「みんなで伸びる、みんなと伸びる」集団を目指して（志方　正樹）

章扉イラスト・カット：なるせ　ようこ

I

少年期の変貌と小学校生活指導の課題

竹内 常一

1　少年期の異変・変貌

❇発達障害の子どもと「小1プロブレム」

一般的には、少年期とは、幼児性から抜け出す小学校低学年から、ギャングエイジといわれる中学年をへて、前思春期とも少年期後期ともいわれる小学高学年・中学一年ごろまでの時期であるとされる。

だが、この少年期に「異変」・「変貌」が起こり、「少年期の消滅」ともいわれるほどの事態が生じている。このために、「子どもが変わった」「子どもがわからなくなった」といわれつづけて数十年になる。(注1)

その異変・変貌の現象をあげると、まずはクラスの一人以上はいるのではないかといわれる「発達障害」の子どもが可視化されて、顕在化してきたことである。発達障害は生まれたときからの障害であるといわれてきたが、近年その多くは乳・幼児期からの虐待や愛着障害に起因する二次障害、あるいは①精神遅滞、肢体不自由などの発達障害、②自閉症症候群、③注意欠陥多動性障害に次ぐ④「虐待という第四の発達障害」であるのではないかといわれるようになっている。

そのために、乳・幼児期からの発達のもつれを抱えた子どもがクラスにおり、その子らをめぐるトラブルがクラスの常態となっている。(注2)

また、「小1プロブレム」といわれる異変が低学年に生じている。それは、「ゆとりの教育」や「自由保育」がひろがった一九九〇年代にあっては、学校の秩序に従うことなく、いつまでも自分本位的に行動し、友だちと繰り返しトラブルを起こす子どもの出現を指していた。

ところが、「確かな学力」や「ゼロトレランス」が言い出された二〇〇〇年代になると、学校の秩序に硬く心身が縛られて、自分を表出・表現できない子どものひろがりを指すようになった。だが、子どもたちはいつまでも学校の秩序や教師の指示に縛られるのではなく、二年生になる前後から自分本位的な行動に走り、そのあげく低学年から学級崩壊・授業崩壊という事態が生ずるまでになっている。

こうした事態の出現は、一見、子どもが幼児期から少年期へと脱却したように見えるが、幼児的な表の顔である「その時・その場の自分主義」と、裏の顔である学校の秩序や教師の指示を絶対化する「道徳的実念論」的な傾向が入れ替わっただけのことであるとも考えられる。そうだとすれば、子どもたちはなお幼児期を引きずり、それから脱却できないでいると見なすことができる。(注3)

✻ギャングの消滅と同調的な空気の支配

少年期中期の異変としては、子どもたちがボスまたはリーダーを中心にして結集して、遊びに熱中し、少年期的な正義を追求するギャング集団が消滅し、それに代わって「空気が読める」「空気が読めない」というときの集団的な「空気」が子どもたちをつつみこみ、膨れ上がるという現象がひろくみられるようになったことである。(注4)

この「空気」とはどういうものか明らかではないが、山本七平『「空気」の研究』（文藝春秋、一九七七年）によれば、「空気」とは、なにかある基準に過剰に同調する感情的な「ムード」または「熱気」のようなもの、感情表現の「トーン」または「制度」(注5)であり、それに反するには「抗空気罪」を加えないと収まらないものであるらしい。そのために、山本は「空気」とは暗黙裡に集団を支配する「差別の道徳」であるといっている。

前者にあっては、子どもたちは暴言・暴力は振るうことがあっても、それをケンカ・口論・相談・話し合い・討論へと発展させるなかで、遊びと「自治」のルールをつくりだし、子どもの自由と平等を保障する自治的な集団を構築していく。そうした協働活動のなかで、子どもたちは幼児的な自分本位性と道徳的実念論を乗り越えていく。その意味でギャングエイジは、子どもたちが大人の権威から集団的に自立していく「中間反抗期」だといわれることもある。(注6)

これに反して・後者は自己主張・自己表現を交わすことをつうじて事実や真実を集団的に明ら

かにすることにたいする怖れ・不安を前提としている。なぜなら、そうすることは自分主義にある友だちを傷つけるだけではなく、自分自身をも傷つけ、仲たがいを激しくするだけだからである。

だから、子どもたちはちまちまとしていさかいをくりかしながらも、「優しさごっこ」にすがりついて同調的な「空気」をつくりだす。そして、その空気を壊すものを排除しようとする。それが「集団イジメ」という「差別の道徳」である「空気」を膨れ上がらせる。

そうした観点からいえば、それは「自由からの逃走」に子どもを駆り立て、スティグマ（否定的な負の印）をもつものを社会的に排除することでもって絶対的な「権力」をつくりあげていくファシズム的な運動に似ている。

子どもたちがそうした文化的・社会的な「空気」を強く持ちはじめると、ボス的な子どもはリーダーへと脱皮する可能性を失い、凡庸な子どもとして集団のなかに埋没するか、さもなければ「空気」を攪乱する問題のある子どもと見なされる。

❇親密な友だち関係と競争的な対立関係

少年期後期または前思春期の異変としては、ギャング集団から親密な友だち関係が生み落とされることがすくなく、そのネットワークのなかから文化的な理想を追求するピアグループがつくられていくということもみられなくなったことをあげることができる。

前思春期になると、子どもたちのなかに映画『スタンド・バイ・ミー』に見られるような親密な応答を交し合う同性・同年輩の友だち（chum＝チャム）関係ができてくる。そうなると、子どもは自分が抱えている問題や悩みをチャム関係の中に持ち込み、それらが自分たちにとってどういう意味を持っているかを確かめ合い、共通の理想を追求するようになる。それと同時に、親密な他者との相互応答と対話のなかで他者との共存と自己の自立を追求するようになる。

だが、今日の前思春期には、このような親密な仲間関係がつくられることが少なく、子どもたちの関係が選抜と競争のなかで「落としあう」競争と「一人勝ち」する競争からなる敵対的な競争関係が支配的になり、子どもたちのなかにさまざまな格差が鋏《はさ》み状にひろがっていく。

そうした異変は、学級崩壊・授業崩壊の多い「魔の学年」としてクラス担任になることを教師たちから避けられている小学五年ごろから突出し、それが中学校に入学しても中学生らしくなれないという「中1ギャップ」といわれる問題群となって現れてくる。

その意味では、前思春期の異変は、それまでの少年期の異変と変貌の積み重ねの結果である。そのために、子どもたちは親密な仲間関係を結び、価値や理想を共有するピアグループをつくりだし、それらを目的意識的に追求する思春期・青年期へとわたっていくことができないでいる。

2　集団あそびからの自治的集団の誕生

✻幼児期から少年期への離脱

このような少年期の異変と変貌のあるなかで、教師たちはどのように子どもたちと協働して少年期を構築し、復権しようとしているのだろうか。それをまず幼児期後期から少年期へと移行を鮮やかに示している里中広美の実践に即してみることにしよう。(注7)

里中学級の子どもたちは『りっぱ』で『よい子』の一年生であった。ということは、子どもたちは教師の指示や学校の規則に従順な「道徳的実念論」に包まれていたといえる。だが、一年から二年へと移るころから子どもたちはそれぞれに「そのとき・その場の自分主義」的な言動をひろげ、「つぎからつぎへとトラブル」を起こすようになった。

だが、里中はそれらのトラブルを力で抑えるのではなく、それを歓迎し、関係者のそれぞれの言い分を聞き取ったり、そのトラブルを再現するロールプレイを採用したりして、それぞれの子どもたちの言い分が自分本位的なものであったために行き違いが生じたことを子どもたちとともに確認しあっている。そして、自分たちの行き違い、思い違いに気づいて、それを笑うこと、つまり「異化」することができるようになっている。これらを「異化」できるということは、「そのとき・その場の自分」のなかに包まれていた「自我（わたし）」が自立しはじめていることを示している。

このように子どもたちはロールプレイのようなパフォーマンスをつうじて、つまり、協働的な行動をつうじてトラブルを再構築することのなかで、幼児的な自分主義を行動のレベルで乗り越えていく。

それと同時に、里中は子どもたちの「そのとき・その場の自分の言動」のなかに包み込まれ、芽生えはじめている「私」の欲求や願いを引き出し、トラブルを起こさずにそれを実現するには何が必要か子どもたちに問いかけている。

子どもたちがつぎつぎと語り出す暴言、悪口、暴力、意地悪を聞き取るなかで、彼女は「友だちのことで困ったらみんなどうしてる？」「話し合い、相談、仕返し。このなかで嫌なことが解決しないのが一つだけあるよ」と子どもたちに考えさせている。

それにたいして子どもたちは、ルールに裏付けられていない仕返しでは嫌なことがなくなるどころか、ひどくなるだけだ、「相談」「話し合い」をつうじて「一緒に遊べばいいんだ」、「一緒に遊べるルールをつくって遊べばいいんだ」と答えている。

❇ごっこ遊びから劇遊びへ

しかし、それができるためには、子どもたちは他律的な「道徳的実念論」や「そのとき・その場の自分主義」の幼児心性を越えていかねばならない。その試みは、里中学級にあっては、まずは「マッサージキッズ」や「サルの家の家族会議」「お帰りなさい、サルの家族」などの「ごっこ遊び」の展開としてはじまっていく。

前者は、遠足のおりに二人の子どもが里中にマッサージをしたことをきっかけにして、担任の里中や教職員にマッサージをサービスするというものである。

そのなかで子どもたちは教室や職員室をマッサージをする虚構場面に転換し、マッサージ師の役を演じるだけでなく、その職場の社長、店長、店員といった社会的な関係を演じる。そうなると、それはたんなる遊びではなく、創造的な遊びとなっていった。かれらはこれによって学校の秩序から解放されて自由に振舞うことができるようになると同時に、マッサージ師とその職場の社会的関係をリアルに展開しなければならないという「役」と「ルール」に従って「そのとき・その場の自分」を自主的に統制し、社会的活動としてのマッサージ活動を協働して構築するようになっている。

後者の「サルの家の家族会議」は、サルの家という虚構場面をつくり、それぞれの家族メンバーがその役にしたがって家族会議をするものである。だから、母親の役をする子どもは母親らしい振る舞いをしなければならないというルールに従うことが求められる。だが、その会議のテーマによっては一般的な母親の役からずれた振る舞いや言動をすることになるかもしれない。

そのずれが標準的な家族・家庭を異化する効果を生みだしている。いや、そうした出来事が偶然生じたものではなく、里中もネタ提供者として参加したシナリオにしたがって演じられ、それがお客である子どもを笑わせる。

もし「サルの家の家族会議」がそのようなものであったとすれば、それは最早「家族ごっこ」の範疇をはみ出した寸劇・即興劇(注8)に近い。さらには、それが観衆である子どもたちにシビアに評価されているところをみると、それはもしかすると自分本位的な子どもたちの現実のトラブルをリアルにさしだす笑劇的なものともみなせるかもしれない。

そうだとすると、この子どもたちは「そのとき・その場の自分」を異化して、健康な笑いの対象にすることができる「自我（私）」をつくりだしているということができる。また、「自我（私）」と「他我」の未分化・混同を乗り越えて、他者と協働してドラマを構成するなかで、ものごとの真実を意識化できるようになっているといえるだろう。

❇ルール遊びからルールを改廃する自治へ

これらの「ごっこ遊び」と平行して、子どもたちは「そのとき・その場の状況」に受動的に引き回される「受動的なからだ」を越えて、「状況」に能動的に立ち向かう「主体としてのからだ」をたちあげている。そのことは、子どもたちがクラスのなかで「ダンスクラブ」「体操クラブ」「ドッジボールクラブ」「工作クラブ」を作り出し、運動文化・工芸文化を意識的に構成するようになっていることのなかにみることができる。

それでも、子どもたちは役とルールからなる「氷鬼」のようなオニごっこを協働してつくりだすことができず、それぞれを違った形で遊ぶことがある。ただ走ることの喜びのためにそれに参加しているものもいるかと思うと、足が速いものを最初に捕まえて、氷にして、その他大勢をつぎつぎと氷にしてしまう「作戦」をたてて、氷鬼を楽しむものもいる。反対に、最初に捕まえられて、氷にされて走ることができなくされた足の速い子は、それが作戦によるものであることがわからず、氷鬼の役とルールに反して、集団遊びを破壊する行動にでることもある。

そうした事情を子どもたちから知った足の速い子は、最初にかれを氷にしたのは子どもたちの意地悪ではなく、作戦を立てて氷鬼を楽しむものであったことがわかり、納得はするものの、彼のルール破りは、走ることの喜びを追求したいという彼の要求であることを知った里中は、それを満足させるために、氷鬼に代わるものとして「増やし鬼」のルールを提案し、子どもたちにそれが受け入れられている。

このように子どもたちは遊びのなかで「役」と「ルール」を守って自主的・自治的に協働活動を展開すると同時に、たとえルール違反ではあっても、その違反行為があたえられたルール改変の要求であれば、それを取り上げ、みんなが合意すれば、自分たちの意思にもとづいてルールを民主的に改廃することができるようになる。子どもの行動レベルでの自治の始まりである。

そのなかで子どもたちは権威主義的な統制から自己を解放し、協働と自治のもとで自己を統制することができるようになり、幼年期から少年期へと離脱し、その生き方を他律的なものから自律的なものに転換できるようになったといっていいだろう。（注9）

3「空気」の支配から相互応答的なトーンへ

❇同調的な空気を壊す「多動的」な大河

さきに「空気」は集団の感情表現の「トーン」または「制度」であるといった。その同調的な「空気」はスティグマのあるものを差別・排除することでもって膨れ上がり、それがクラスにいすわると、子どもたちはその感情表現の制度に支配されて、自分たちの自由な感応表現ができなくなる。つまり、自由なそれは疎外されて、最初の感応とは異なる感じ方をさせるものとなる。

四年の北山クラスにそのような空気が典型的な形をとって存在していないが、その空気がつぎのような形をとって現れていた。

①四班のリーダーの菜奈とさくらのリードにかかわらず、四班は「やれない、やりたくない、やってくれない感にあふれていた」

②少年サッカーの盛んな地域であるために、サッカーができるものとできないものとの差が大

きいので、授業でもレクでもサッカーをしないことが「暗黙の了解」となっていた。

③リーダー候補の男子は学年委員の選挙に出ることがなく、「重そうな役割から逃げていた」事実、クラスの活動に積極的に参加している男子は記録にはほとんど登場してこない。

これにたいして、ＡＤＨＤと診断され、投薬されている大河はその「多動性」を入学以来発揮しつづけ、学校の秩序とクラスの「空気」をかきみだしてきた。そのために、かれの衝動的な行動は特別視され、許容されてきた。これは差別だ。そのために、北山のクラスに入るまでは、これといった教師にも友だちにも出会うことがなかった。かれは学校の世界にありながらも、それから遺棄され、一人で「壮絶な」生き方をしてきたといっていい。

だが、北山がかれの多動的な行動に「応答」するケア的なかかわりをとるにつれて、かれは北山に「呼びかけ」「ねだる」ようなかかわりを見せるようになった[注10]。そうしたなかで、かれのクラスの空気を壊すというか、切り裂くような行動が子どもたちにも受け入れられ、それに応答する子どもが現れはじめた。

＊パフォーマンスをつうじて「空気」を変える

それを典型的に示しているのが三班のダンスである。

互いに牽制しあってダンスができないでいる四班とは違って、三班の子どもたちは、ロックのリズムに合わせて大きな動きで飛び回りだした大河の後にしたがって、似たような動きを取るなかでリズムダンスをつくりだしていった。

記録では、北山は「あの動きとリード。すごいね。自分を解放できて、自由にリードできていたよ。リードだけじゃなく、みんなが真似しながら、どんどん動き回って、手足を動かして盛り上げていたよ」と評価している。

しかし、他面から見ると、大河の大きな動きをリズムダンスにしたのは、大河の動きを創造的に模倣して、自分たちを解放して踊りだした三班の子どもたちであったのではないか。そのダンスは、大河の動きを「まねた」ものではあっても、「同じもの」ではなかった。子どもたちはダンスのなかで相互応答しつつ、自分を解放して、協働して即興的なリズムダンスをつくりだしたのである。それを大河も感じ取って、飛び跳ねるような動きをリズムダンスへとつくりかえていったのではないか。

三班は自由に身体表現をかさねあわせて、即興的にリズムダンスをつくりだす「パフォーマンス・アンサンブル」(行為遂行の集合体)へと発達していった。そうした協働活動のなかで、大河も子どもたちも「頭一つ背伸び」することができ、大河も他の子どもたちの動きを取り込んで、自分の衝動的な動きをリズムダンスへと統制していった。(注11)

❇キャラをたてて学校生活を装うあき子さん

ところが、大河の対極にいるのが、豊田の記録に登場する学校適応過剰のあき子さんである。

子どもの「自分主義」は、そのとき・その場の自分に振り回されるという様相をとることもあれば、大人の暗示やまじないにかかりやすく、そのとおりに自分を装う様相をとることもある。幼児の「道徳実念論」的な現れのひとつである。

あき子さんの適応過剰は、学校の秩序や感情表現のし方を丸ごととりこんで自分自身を「化粧」するところにある。このために、彼女は学校生活の物語を前もってシナリオ化し、そのとおりに学校生活を装うところがある。ということは、学校生活から生ずるありとあらゆる「偶然」（ハプニング）をすべて押さえ込まねばいられないということである。いいかえれば、それは他者の現われを封じ込み、排除しなければやまないということでもある。

そうした彼女のような登校傾向を「登校強迫」というが、それは「強迫的な子どもたちは、独特な追いつめられ方、束縛のされ方をしている。何かそうしなければならない、そう考えなければならず、ある儀式を遂行しなければならない運命につき動かされているように感じる」ところがあるからである。(注12)

彼女が早退・欠席・不登校を繰り返すのは、こうした強迫的な登校が他者の乱入によって破壊されるのではないかという不安にたえずさらされつづけているからであり、そうした学校生活を強いられることに彼女のからだが異議を申し立て、抗議するからである。

このようにみてくると、豊田が彼女の生き方が「偽装」であるととらえたのは的を射ている。だから、彼女の学校生活に乱入してきたFにたいして「けってやれ」とあき子さんをそそのかしたのである。それは彼女自身の手で彼女がつくったシナリオを壊すように誘うものであったといってよい。

しかし、彼女は実際にFを「蹴る」行動に出ることができず、そのマネをしただけで終わった。それだけでも、彼女は他者を自分の中に取り込み、なりたい自分を出すことができたようにみえた。だから、豊田の指示は同僚から「魔法の言葉」といわれた。

だが、彼女はその行動によってハプニングをつくりだし、予想外の展開をみせて、他者であるFと協働してドラマを創造するものとはならなかった。その意味では、「魔法の言葉」は「リセット」（元に戻す、チャラにする）にとどまり、元のシナリオを壊し、新しいドラマを現実の学校生活に持ちこむものにはならなかった。それは「リセット」にとどまり、「脱構築」へと導くものとはならなかった。

だが、高学年になってから、あき子さんは地域の演劇クラブに入り、それに打ち込んでいるという。もしかすると、それはニセの一人芝居にとらわれていた自分を壊し、他者と真実の演劇を作り出そうとする彼女の脱構築の試みであるかもしれない。

それが、私が「あき子に演劇を勧めるとよいのではないか」と言った本意である。

4　前思春期の「友だち」関係とはなにか

❇ギャング集団から前思春期の「友だち」へ

志方の記録を注意深く読むと、子どもたちは少年期中期のギャング・グループを抜け出して、前思春期的な「親密な友だち」関係を探し求めていることがわかる。だが、それが教師の言葉のうえでは「仲間」関係ということばでひとくくりにされていて、その違いが取り出されていない。そのために、「仲間」という言葉ではくくれない「友だち」関係が、自分たちのなかに生まれていることを子どもたちに意識化させることができないでいるのではないか。

この記録のなかで、志方は「仲間」という言葉を押し出して「学級内クラブ」をつくることを提案している。子どもたちも「仲間ってなんやろ？」という志方の問いにたいして「友だちとはちょっとニュアンスが違う！」「同じ目標に向かって頑張る人」と答えている。この子らにあっては外的な行動レベルにおいて協働し、目的やルールを共有しているのが「仲間」であるらしい。それはまちがっているわけではないが、精神間交流をはじめた前思春期の友だち関係を取り出すには欠けるところがある。

これにたいして力が「なんで順って休んでるん?」と口を挟み、小松が「それを言うなや!順もいろいろあって…」と順のことを話題にするのを抑えている。志方は二人の発言で静かになったクラスに「力は休んでいる順のことを気にしてるし、小松は順の休んでる理由を想像してるし、ということは、順も5―3の…」と問いかけ、子どもたちに「仲間!」と唱和させている。

だが、小松が取り上げた「順の事情」は私的にも公的にも取り上げられていない。いや、高度成長期以後の日本本土の学校にあっては子どもの近親の死に触れることはタブーとされている。本土の子どもたちは「死者を『弔う』とはどういうことか」知らないでいる。そのために、順を不登校に追い込んでいる父の死、凍りついた心のキズとしての父の死に触れて、順を癒すものが現れないでいる。(注13)

順は修学旅行以後、それまで彼に付き合ってくれていた「活発でやんちゃな」大吾や力よりも、「おとなしく優しい」正平や幸といることが多くなり、中学入学後、幸との交わりを深めるなかで登校しはじめたというが、それはもしかすると、ギャングエイジ的な「仲間」ではなく、前思春期的な「親密な友だち」に心のキズを癒されて、順はかれらに期待されている「もう一人」の自分となることができるようになったのかもしれない。それを確かめるために、順と幸の家族がどのような階層に属し、どのような社会的・文化的な環境を生きているかを知りたいと思う。

順の場合とは違って、辰夫の場合は、前思春期の対人関係が母親や女子の友だちとの関係においても、また男子の友だちとの関係においても、かれの「人格の再統合」(「自分くずし」と

「自分つくり」）を進めるものとなっている。母親との関係にあっては、学校の出来事をウソをついて隠そうしたことが母親に許され、幼児的な退行が受け入れられた。女子の関係にあっては、「親密な友だち」関係をつくりはじめたサツキやリカコたちのケアを契機にして、「自分くずし」の退行現象を「自分つくり」の創造的退行に切り替えることができたとみることができる。

そして、男子との関係にあっては、辰夫はテストの間違いをウソをついてごまかそうとしたことのある中学受験組の泰と「親密な交わり」を結び、「星クラブ」を立ち上げ、協働して星座の模型つくりに取り組み、そのなかで泰にいろいろなこと話し、聞いてもらうようになっている。もしかしたら二人は星について話し合うなかで、身の回りに起こるさまざまの出来事を新しく意味づけ・価値づけて、「希望」や「理想」を語り合う関係を取り結んでいたのかもしれない。(注14)

こうした観点からみると、子どもたちは自分たちが作った「役者クラブ」「本こわ、ウソこわクラブ」などのなかで、また行事のなかで演じている「パロディ劇」とか「スタンツ」（即興劇）とかのなかで、辰夫と泰との「親密な友だち関係」のなかで起こっていた「精神的な交わり」を経験しているのかもしれない。

そうだとすれば、子どもたちは「親密な友だち」のネットワークをつくり、意味や価値、希望や理想を自主的・自治的に追求する思春期に移行する準備ができていたということができるだろう。だが、そうであるかどうかを判断するためには、この子どもたちがつくったクラブや私的グループが、また子どもたちが演じた文化活動がそうした実質を持つものとなっていたのかを問わねばならない（注15）。

❇再説・差別的な「空気」の支配を越える

山口隆志の記録は、志方のそれと同じく前思春期における子どもの人格の再統合にかかわる問題を提起しているが、両者のあいだには決定的といっていいほどの違いがある。それは、その当事者であるリクが黒人の父と日本人の母親のハーフであることである。

そのかれは黒い肌・縮れた髪を持つ黒人の容貌を持ちながらも、日本人の子どものなかに溶け込もうとしている。それが下学年ではリーダーとして活躍し、上学年ではクラスのムードメーカーとなっているところによく現れている。

しかし、その隠しようのない容貌のために、下学年のときから差別視され、小さな子どもからも「外人！」という差別発言をされていた。それが日本人の子どもになろうとしていたリクをいらだたせ、キズ付け、パニック・不安におとしいれ、かれを暴力に駆り立てる。

その暴力が学校秩序を破壊するものとみなされて、教師たちから暴力を加えられてきた。五年になって山口のクラスに編入されて、山口のリクに寄り添うケアに接して、一時平静を取り戻し、同級生と仲良くなる。

だが、その仲良くなったことが新しいトラブルをつくりだし、ふたたびリクは退行的な暴力に駆り立てられることになった。なぜなら子どもたちが「仲良し」になるということは日本人に同化することととらえて、黒人とのハーフであるリクの他者性を尊重して、親密な関係を取り結ぶことであることがわからなかったからである。そのために、リクはかれを対象視する子どもたちの視線に被圧倒感を感じて、暴発・萎縮・引きこもりを繰り返すことになったのではないだろうか。

そうしたかれの状態を心配した山口はリクの母と相談して、「暴力でない『強さ』でもって生きづらさを克服できるようにすること」と「リクの『優しさ』を大切にして、友だち関係を発展させるようにすること」をリクにたいする方針とすることで一致したということが記録の「解説」を書いている地多によって聞き取られている。

この点について地多は「この話の筋が私には見えなかった。『強さを持って乗り切ってほしい』ということと、『優しさ』が良いところだという共通の認識を持った、ということの矛盾が」といっている。

私もこの二つが矛盾しているのではないかと読んでいるときに感じたが、再読した後は決して矛盾したものでないと最初の読みを改めた。それを述べて、差別的な「空気」を断ち切り、「他者と親密な交わり」をつくるなかで「人格の再統合」に挑む前思春期の真相（深層）を述べて、本稿を閉じることにしたい。

この記録のなかには、暴力でない『強さ』というものが母親の「強さ」ならびに同級生であるルリの「強さ」として提示されている。

ひとつは、母親が「子どもが『化け物』扱いされた」と正面から学校や担任に抗議したこと、それに「クラスに来て、アフリカに関する絵本の読みきかせ」をしたことに現れている。

いまひとつは、リクがルリの顔真似をしつこくしたとき、「やめて！」といったのにやめなかったのでルリが、「いい加減にしろ！」とリクの胸倉をつかんだこととして現れている。それを知って、山口は「なんだか嬉しくなった」と控え目に書き添えていることにも注意したい。

母親と山口がリクに期待した「強さ」は、差別にたいしては断固として抗議する、しつこい「いたずら」「からかい」には怒りをぶつけて、それをやめさせるような「強さ」であったといっていいのではないか。

これにたいして母親と山口が期待した「優しさ」の方はわかりやすいかもしれない。だが、そうだとはいえない。たしかに差別されてきたものは、差別されているものに共感的な「優しさ」を抱く。それは、共感が生きづらさを抱えるものの苦しみをからだで受け止め、その本質を直感的に洞察するものであるからだ。

だが、そこに落とし穴がある。なぜなら、差別されてきたものが自分の受けたキズの裏返しとして、他者にたいして過剰に気を配り、その「優しさ」のために他者にたいして正当な自己主張や批判をすることを控えることがある。かれは自分が「かわいい」ために、他者に優しくしているのである。だから、その優しさに他者が応えないときは、他者を憎み、怒り出すことになる。そうしたとき、優しくされたものの方は露骨に差別しないものの、暗黙裡に差別の「身振り」や「振る舞い」をする。

このようなことが両者に起こるとき、「優しさ」はソフトな「差別的な空気」を再生産するものとなる。それでは、リクの「優しさ」は疎外され、「優しい日本人」「憤ることのない日本人」に同化するものとなるだろう。地多の「解説」はこのような「優しさ」批判としてうけとめたい。

それにしても、前思春期にあるリクの前に"Black is Beautiful"と誇ることのできる黒人のアイデンティティーと、本当に他者に優しい日本人のアイデンティティーを形成していくこと、さらには両者を統合した地球市民としてのアイデンティティーを追求しなければならないという課題がたちあがっている。それが山口と子どもたちの生活舞台なのだ。

【注】

（1）竹内が『少年期不在』（青木書店、一九九八年）を刊行して「少年期の消滅」に注意を促したのは一九九八年である。本著は『子どもの自分くずしと自分つくり』（東京大学出版会、一九八七年）と『子どもの自分くずし、その後』（太郎次郎社、一九九八年）に継ぐものである。

（2）杉山登志郎『子ども虐待という第四の発達障害』（学研、二〇〇七年）

（3）こうした幼児的心性をピアジェが「自己中心性」と呼んだことは有名な話であるが、それは「利己主義」と誤解されやすいので、二つの顔を持つ「自分（本位）主義」と私はいいかえている。この名づけは波多野完治『心理学と教育』（巻書店、一九五六年）から着想を得たものである。

（4）ギャングの消滅は、"I am a rulebook."と自称する少年スポーツの監督が子どもたちのルール遊びを支配し、子どもたちが自由に遊び集団を編成・再編成し、ルールの改廃を許さないことによることが多い。

（5）感情表現の集団的制度については中村雄二郎『現代情念論』（勁草書房、一九六二年）、拙著『生活指導の理論』（明治図書、一九六九年）を参照されたい。

（6）少年期の遊び集団の発展については、拙論「遊び集団に教育力はあるか」（柴田義松他編『教育学を学ぶ』有斐閣、一九七七年所収）を参照されたい。

（7）以下、本稿で取り上げる実践の記録は、本巻所収のものである。

（8）本稿のなかで使われている「即興劇」ということばについては、中原淳・高尾隆『インプロする組織――予定調和を超え日常をゆさぶる』（三省堂、二〇一二年）を参照されたい。

（9）ごっこ遊び、ルール遊びについては、ヴィゴツキー他『ごっこ遊びの世界』（法政出版、一九八九年）、神谷栄司編著『子どもは遊べなくなったのか』（三学出版、二〇一一年）を参照されたい。後者に所収されている路端さゆり・神谷栄司「〝発達障害〟のある幼児と《イメージの遊び》」は出色の記録である。

（10）ケアについては本シリーズ第一巻『生活指導とは何か』所収の拙論「生活指導におけるケアと自治」を参照されたい。

（11）北山実践のこのような私の読みとりは、集団をとおしての心理療法にたいして、キズを抱えている個々人が協働して社会的・文化的な集団をつくりだすことを重要視する「ソーシャルセラピー」を提唱しているロイス・ホルツマン『遊ぶヴィゴツキー』（新曜社、二〇一四年）に負うところが多かったことを付記しておく。

(12)　P・L・アダムス『強迫的な子どもたち』(星和書店、一九八三年)三頁
(13)「弔う」ことは死者の願いや恨み・つらみを引き継いで、死者と共生し、死者と共闘することであると提起した書に上原専禄『死者・生者』(未来社、一九七四年)がある。そのような「弔い」方はいまでも沖縄では普通ではないか。
(14)　小学高学年は子どもにウソが多いが、それは物語をつくって生きることのはじまりであることを見落としてはならない。
(15)　本稿において私が「学級内クラブ」の活動に言及することが多いのは、それが遊び活動・文化活動になりえているのか、集団づくりの感情的な側面を発展させているのか疑義を感じているからである。

Ⅱ

つながりあう少年期の集団を育む指導

実践　里中 広美
解説　小室 友紀子

実践記録

回り道しながら大きくなろう

里中　広美

1　「りっぱ」で「よい子」の一年生

一年生二十九名。入学当初からとても「りっぱ」だったこの子たち。授業中はとりあえずみんな座っているし、「はい！」と元気よく手を挙げて発表し、何でもそつなくできてしまう。お話が聞けるし、指示が通る！　こんなクラスは初めてだ。どうしよう。とっても「楽ちん」だけれど、一年生がこれでよいはずがない。この殻を崩し、素の自分たちを安心して出せるようにしなければ何も始まらないのではないか、そう思った。

そんな「よい子」たちだったが、当初からとても気になることがあった。それは、ついやってしまったやんちゃや失敗を、即座に「やってない」と涼しい顔で言い切ること。叩いた、壊した、石をぶつけた、「ブス」と言った…。そんなことは日常茶飯事だが、やらかしておいて、とりあえず「やってない」と言う。逃れられなくなると黙りこむ。「〇〇くんすごい。自分から本当のこと言ったんだ〜！」などと言うと、すぐに「やった」と言う。男の子の多くがそうだった。丁寧に話を聴いて事実を整理し、共感しつつ思いを確かめる。相手の子とつなぎ、気持ちを確認しながら解決する。そんなことを繰り返すなかで、失敗も素直に話すようになっていった。

2　毎日が学び

七月、体育の時間。鉄棒をするために班ごとに並んでいた。体操が終わり、さあ、始めようかという時、明奈が泣きだした。

体操の前に五班の列の最後尾に明奈、摩耶の順で並んでいた。二人とも体操係。前に出て体操が終わり、戻ってきた時に摩耶が明奈の前に並んだ。すると明奈が「横入りしないで！」と言い、摩耶が「してないよ！」と言ったら明奈が泣いた、ということだった。

よくあるささいないざこざ。でも、一年生は順番待ちで並ぶことがよくある。そして、並ぶ時の小競り合いも多い。勝気な摩耶と明奈。放っておこうかな、とも思ったが、きっとまた似たようなことを繰り返す。

一班の子たちをモデルにして、再現フィルム。摩耶役の菜々に「菜々だったら、ここで何て言う？」と聞いた。菜々も勝気で自己主張ができるタイプだ。
菜々「菜々だったら、何にも言わない」
私「あら、どうして？」
菜々「だって、別にいいもん」
私「え？　自分のいたところに隼人が入ってもいいの？」
菜々「うん」
私「なるほど。気にしないんだ」
菜々「うん」
私「へえ〜。みんなはどう？」
遙香「ま、いいかって言う」
私「『う〜ん…ま、いいか！』って？」
遙香「それそれ！」
私「なるほどね。黙ってるのは悔しいから『ま、いいか』っておっきい声で言っておくってこと？」
遙香「そうそうそう！」
祥平「ぼくもそう！」
ここでそのバージョンで再現フィルム。笑いが起きる。「あるある！」という子たちも。

私　「じゃあ、明奈みたいに『横入りしないで』って言うと思う人？」
　三分の一くらいの手が挙がる。
私　「そうだよね、並んでたのにね」
隼人「え～、別にいいじゃん！」
私　「お、心広いな。後ろになっても別にいい？」
隼人「いいでしょ、そんなの、だって～、決まってたわけじゃないでしょ」
私　「そうだよね！　順番決まってたわけじゃないよね、ただ並んでるだけだもんね。じゃあ、隼人は譲っちゃうんだ？」
隼人「うん、譲る」
私　「へえ～。いろいろだね」
　摩耶や明奈の様子を見ていると、笑って話し合いを聞いている。
私　「誰でも前に並びたいよね。摩耶は早く戻ったから前に並んだの？　それとも、前を取りたかったの？」
摩耶「前を取りたかった」
私　「あら、正直だね。明奈も、つい『横入りしないで』って言っちゃったんだね」
　明奈、強くうなずく。
私　「よくあることだよね。きっとこれからも、並ぶことといっぱいあるよ。どうしたらいいだろうね。また考えようね。さあ、今日はどうするのかな～」

見ると、明奈と摩耶、二人で笑いながら前を譲り合っている。周りもそれを見て笑っていた。その日の給食準備の時間は、やたらと譲り合う子どもたちがいた。このように、小さな学びを積み重ねる毎日だった。

3　さあ、大変？「イジメ」もどき事件

（1）智也と遙香の作戦

一〇月のある日、たまたま来校していた智也と遙香の母親が「先生、こんなものがうちの子の机に…」と紙を差し出した。そこには、「ゆうすけのさくせん」と書かれていた。

その中身は、「祐介を公園におびき出してピストルでおどす作戦」「祐介のお母さんに祐介を殺してとお願いする作戦」「祐介を無視する作戦」と、なかなかハード。智也と遙香の連名になっている。典型的な優等生タイプの智也、生真面目な遙香、穏やかな寧々、そして体は大きいが幼く天然タイプの祐介の四人の班ができて一週間目のことだった。

翌日、智也、遙香、寧々の三人と話した。

理由は、「祐介が給食時間にいつも笑わせてきてしつこいから」ということだった。周りの状

況を見るのが苦手な祐介。ふざけて自分が楽しくなると周りも喜んでいると思っているらしく、相手にとってはそれほどおもしろくないことをいつまでもやるのでしつこくなる。

私「その作戦、いつやるの？」

智也「う〜ん、それはまだ決めてない」

私「ここに無視するって書いてあるけど、もうしてるの？」

遙香「いや、まだだよ」

私「いつから無視するの？」

智也「明日かな？」

私「へえ〜。無視ってどうやるの？」

智也「う〜ん、話しないの」

私「祐介が話しかけても知らんぷりするの？」

遙香「うん、そうかな」

私「無視するってそういうことだよね、他の人とはしゃべっても祐介とはしゃべらないんでしょう？」

寧々「寧々はやめた方がいいと思ったんだけどね」

私「寧々はそれ、言ったの？」

寧々「言わなかった」

私「寧々はどうしてやめた方がいいと思ったの？」
寧々「う〜ん、殺してくださいとかだめかなあと思って」
私「びっくりした？」
寧々「うん、びっくりした」
私「でも、やめようって言えなかったの？」
寧々「言えなかった」
私「遥香と智也は本当に祐介のお母さんに祐介のこと殺してほしいと思った？」
二人「う〜ん…」
私「祐介が死んじゃえばいいと思ったの？」
二人「…」
次第に涙ぐんできた二人。この涙は何だろう。
私「お母さんに殺してってお願いしたり、無視したりしたら、給食の時笑わせるのをやめてくれると思った？」
二人「…」
私「無視しても、祐介は嫌だなあ、って思うだけじゃない？　どうしたら遥香たちの言いたいことが伝わる？」
智也「あっ。給食の時変なこと言うのやめてって言う」

私　「そうだよね。でも、言ってもダメだったんでしょ？」
智也「うん」
私　「こんな作戦たてるほかに方法はないかなあ」
寧々「先生に言うとか？」
私　「そうだね。ほかにもないか、みんなにも聞いてみるか。この紙、みんなに見せてもいい？
みんなにも考えてほしいんだ」
二人「いいよ」

(2) みんなで話し合い

クラスに報告すると
「それ、ダメでしょ～！」と叫んだのはムードメーカーの隼人だった。

「でもね、言ってもきいてもらえなかったんだよ。三人は困ったんだよ。それでこの作戦になったんだよ。まあ、仕返しだよね。みんなもあるでしょ？　友だちのことで嫌だな、困ったな、って。それで仕返ししちゃったこと」

「あるある！」

暴言や悪口、暴力、無視、いじわるなど具体的な話がいくつも出て盛り上がった。少し前に取っ組み合いの大喧嘩をした菜々と百合は「あのあとしばらく口きかなかったんだよ」と笑っていた。

「友だちのことで困ったらみんなどうしてる？」と聞くと、相手に言う、誰かに相談する、ごめんねするなどいくつか出た。

「話し合い、相談、仕返し。このなかで嫌なことが解決しないのが一つだけあるよ」

「仕返しだ」

「仕返ししたら、嫌なことはなくなるの？」

隼人「いやぁ〜、だめでしょ！」

「解決しないでますますひどくなったことある？」

「あるよ〜！」と、ここでまた盛り上がった。

放課後、智也たちの班で話し合った。私が
「今日の話し合い聞いてどう思った？」と聞くと、真っ先に祐介が
「ぼくが笑わせて困って智也がかわいそうだと思った」と言った。
「ちょっと聞いた？　こんな作戦嫌だったって言うかと思ったら、智也がかわいそうだって。
智也、作戦しなくてよかったね」
「うん」
お互いに謝ったあと、

「ちゃんと話せばわかってくれたのに、変な作戦立てちゃったね。もっといい作戦立てればよかったね」と言うと、

智也「そうだ！」

私　「なになに？」

智也「一緒に遊べばいいんだ！」

四人の母親たちには、学校での子どもたちとの話し合いや指導の経過を報告しながら見守っていただいていた。幸いなことにPTAや学童保育などで母親同士のつながりがあった。今回のことで子どもが学んだことや経験したことを大事にしましょう、これからも親同士がつながっていきましょう、と話し合った。子どもたちが決めた「土曜日遊び作戦」は母親たちの協力を得て智也の家で実行することができた。一人っ子の智也の母親は、普段見られない子どもの様子が見え、我が子の姿に驚くこともあったけれどよかった、と話していた。

(3)「ぼくたち、いじめてた」

ところが一週間後、新たな「事件」が持ち上がった。祐介の上にたくさんの子が馬乗りになって叩いているのを注意した時だった。隼人たちが「ぼくたち、祐介のこといじめてた」と言い出したのだ。

作戦事件の前からだと言う。六人で、繰り返し祐介を叩いたり、上に乗って靴で叩いたりして

いた、と。訳は「祐介が智也を叩き、止めてもやめない」ということだった。つまり、智也の代わりに「制裁」を加えたのだと。智也の「作戦」の裏にはこんな伏線があったのか？

智也によると、祐介に「叩くのはやめて」と言っていたけれど、「作戦」は給食のことだけが理由、と言う。一年生の世界、謎が多すぎる。

隼人は頭の回転がよく、遊びをリードするのが上手な人気者。「制裁」に加わった玲音たち五人は幼くて周りが見えていない。この五人に隼人も加えた六人は、その場その場のノリでおもしろいことに流されて行動しがちな子たち。愉快で行動的だが歯止めが利かない。誰かがおもしろいことを始めると、この六人は決まって真似をし始め、止まらなくなる。祐介も同じだが。

「智也の作戦の時、ダメでしょ～って言ってたのに、自分たちは祐介のこと叩いてたの？」

「うん、そう」

「え？　ダメだと思わなかった？」

「うん。……今は思う」

「智也の代わりにみんなで仕返ししたってことでしょ？　暴力で」

「…うん」

「誰かがやってたから真似した人」

六人全員の手が挙がった。

「そういうことなんだよ。いじめってね、全員が誰かの真似したって言うんだよ。真似してるうちに、だんだんひどいことになるんだよ」

「ぼくたちが悪かった」とシュンとして言う隼人に対し祐介は「いや、ぼくが悪い」と言う。「智也のこと叩いたから」と。叩いた訳は「おもしろいから」で、「やめようと思っても次の日またやっちゃう」とケロッとして言う。

「隼人たちに叩かれて嫌じゃなかったの？」

「嫌だったけど自分が悪いかなぁと思って」

「そう思うならやめればよかったんじゃないの？」

「なんかやめられなかった！」

あっけらかんと話す祐介。クラスに報告すると菜々が
「叩くのもダメだけど、どうしてみんなでやったの！　って思う」と率直な意見を言い、隼人たちが
「あ〜、ホントに〜」としょんぼりした。

簡単に残酷な言葉で作戦を立てたり、やめてと言われても楽しくなって叩いたり、誰かがやることにおもしろがって乗っかったり、人にはダメだよ、と言いながら自分のしていることには気づかなかったり…。それがまだ未熟な一年生のナマの姿なのだろう。悪いことをするのも、正義感を出して人に注意するのも、自分のまずさに気づいて素直に謝るのも、すべてその瞬間はその子にとっての真実なのだ。

別の時間に絵本『わたしのせいじゃない——せきにんについて』（レイフ・クリスチャンソン 文　ロディック・ステンベリ 絵／岩崎書店）を使って授業をした。この本は、泣いている一人の子をめぐって、なぜ泣いているのかを話していく展開。「みんながやったんだもの…」と言い訳が続く。隼人は、「この子たち全員、嘘ついてる！　頭にくる！」と叫んでいた。

かかわった子の保護者一軒一軒には丁寧に伝えた。祐介の母親は「うちの子が変なことばかりやったり言ったりするから、周りと合わないんじゃないか」と気にしていたし、「制裁を加えた」側の母親たちは「衝撃」「うちの子ならやりそう」「申し訳ない」と様々だったが、見守ろう、つながろうという方向で一致することができた。

懇談会でも一連の出来事を伝え、子どもの現状をありのままつかんでほしい、こういうことはあり得ることだし、このことから子どもたちが学ぶことが大事。これからも失敗するけれど、その都度互いの正直な思いを出して話し合っていければいい。ただ叱られたのでは育たない。みんなでどの子も見守ってほしい、などと話し、最後に日常風景のビデオを見てもらった。いかに楽しく無邪気に弾けて教室で過ごしているかを観て、「考えさせられたけれどビデオを見て安心した。大人がつながりながらゆったりと見守りたいですね」などという意見が寄せられた。

4　二年生になって——次から次へと

この「イジメ」もどき事件もそうだが、失敗をできるだけオープンにし、そこからみんなで学びながらつながりあうスタンスをずっと大事にしてきた。

二年生になり、パワーアップした男の子たちはしょうもない事件を次々に起こす。ほとんどが、幼さゆえの暴走。例を挙げると…

【朝から寄り道事件】

新学期、教師や保護者が交通指導に道路に立つ。やんちゃ軍団の玲音と昌希と克也。登校途中にランドセルを道路に置いて遊び回り、交通指導の先生が声をかけても聞く耳持たず。「だって、帰りは学童あるし、今しか遊べないもん」と言ってのけた。う〜ん、気持ちはわかるけどね。

朝の会で話し合い、車道への飛び出しもあったので「だめ」と約束。同じ方面の子たちがずっと声をかけるなど気にかけ続けてくれた。

【パチンコ玉事件】

克也が、登校時にパチンコ玉をたくさん拾ってきた。「ちょうだい」とすぐもらう男子たち。

昌希が鼻の穴に入れて鼻息で飛ばした。それが明奈の机の上を転がってさらに床を転がり、大騒ぎに。きれい好きの明奈は大泣き。

机と床は拭いて消毒し、これで大丈夫と言いながら、話し合い。鼻の穴に入れるのは危ない。それに、汚らしい。

「もう〜、やだぁ！」

「何で何でも拾ってくるの〜？」と女子。でも、終始笑いながらの話し合いだった。

【エロ本事件】

学童保育の帰りに公園に寄り道した昌希と克也。そこで四年生と一緒にエロ本を拾い、破ったグラビアページを昌希はポケットに入れて持ち帰った。翌日の朝、教室で「ちょっと来てごらん、エロい写真見せてあげる」と公開。「やだ〜」「キャー、キモい！」と大騒ぎになった。

「みんな、エロいってわかるの？」と聞くと

「キモい〜」と言うので、ちょっとした性教育。なぜ大事なことなのかを子どもとやり取りしながら話した。

「でも、誰かの裸を見せて売り物にしたり、こうやって置きっぱなしにする大人が悪いね。こういうの、落ちてたりする？」と聞くと、かなりの子が見たり拾ったりしたことがあるようだ。

「昌希が持ってきたやつ、やだ〜とか言いながら『どれどれ』って見にいったりしたでしょ? そんなもんだよね。見たくないけど、見たかったりね。でもこういうことは大事な話だから大きくなったらまた習うよ」などと話した。

【火炎放射事件】

朝、教室に行くと智也が泣いている。周りには事情を聴いている子たち。「もう解決した」と言ったが聞いてみると…。

隼人と懐がふざけて「火炎放射〜!」と技の真似をしていた。そのうち隼人は近くにいた智也に向かってやり出した。智也は嫌だったから「やめて」と言ったら隼人はやめた。懐はまだ一人でやっていた(ここでみんなで大笑い)。ところが智也が自分に向かってやったと勘違いして、懐を叩いた。懐が智也を蹴り返すと智也が泣いた。子ども同士の話し合いでは「蹴ってごめんね」「叩いてごめんね」で終わっていたが、よくよく聞くとそんなスレ違いがあったことがわかった。

懐　「そういうことだったんだ〜(爆笑)」

私　「聞いてみたら、なあんだってことよくあるよね。みんなこの辺(自分の前)しか見えてないもんね〜」

隼人　「うん!　オレオレ!」

菜々　「そういう人ばっかりだよね」

一斉に玲音や昌希を見るみんなに笑えた。

このように子どものなかの様々なエピソードを共有することで、お互いのことをポジティブに捉える材料にしたり、学び合いを通してみんなの財産になったりした。また、絵本『となりのせきのますだくん』（武田美穂 作・絵／ポプラ社）で、ますだくんの行動の意味を考えたり、『おこだでませんように』（くすのきしげのり 作・石井聖岳 絵／小学館）を使って、いつも怒られてばかりいる、暴れん坊の本当の思いなどについて考え合った。

5 保護者と共に

四月の懇談会でこれらの「事件」について報告した。事前に玲音たちの母親には事件について報告し、「名前は出さないが懇談会で話題にする」と伝えておいた。子どもはそうやって失敗しながら大きくなるので、それを大事にしたいし一緒に見守ってほしい、と話した。母親たちは大爆笑で、懇談が終わってからも我が子の失敗談を語り合ってなかなか帰らなかった。

落ち着きがなくルールが守れない、持ち物はすぐになくしてしまう、やりたいこと優先で暴走するという、「学校」の枠にはまらない玲音は学校でも家でも毎日「事件」の連続だ。帰りに外靴が見つからなければ探しもせずに（落とし物置き場にあったのに）裸足で帰ってしまうかと思えば、児童玄関に一年生のピカピカの靴が落ちていたのを拾って、下校途中に道路で投げて遊び、放置して帰ってしまう。だが、玲音は発想がユニークで愛嬌がある。事件の中には火遊びや万引きのような大きなものもあったが、一つひとつ丁寧に話を聴き取り、思いを確認し、一緒に後始末するという対応を繰り返した。母親には、

「幼くて周りが見えていないけれど、これからもあまり周りを見ようとは思わないかもね（笑）。でも玲音のいいところだけは潰したくないね。あの魅力はなかなか育つものじゃないよ」などと言いながら、数々の事件を「レジェンド・オブ・玲音」と呼び、母親と共に玲音の視点から彼の行動や思いを分析し続けた。母親は、我が子のあまりの破天荒ぶりに

「もうどうしよう、先生～」と言いながらも、丁寧にかかわり、温かく見守る、何かあれば親が頭を下げるというスタンスを貫いてくれた。また、同じタイプの昌希の母親とのつながりがあり、相談したり励まし合ったりする関係があった。

女子は、学級ＰＴＡ役員の菜々の母親を中心に全員のネットワークがあり、女子全家族でたこ焼きパーティーを開くなどしていた。

保護者と、または保護者同士、子どもたちの冒険や挑戦、様々な失敗やそこからの学び、立ち上がりを一緒に楽しみながら見守っていける関係を築いていくことが欠かせないと思う。

6　楽しくわくわくする活動を

遠足の時に智也と広大が私に始めたマッサージをきっかけに、クラスにマッサージ屋さんができた。店名は「マッサージキッズ」。ポイントカードを発行し、スタンプ十回で一回サービス。ハッピーデーはポイント二倍だそうだ。あの生真面目な智也が店長、同じく優等生タイプの広大が社長。店員はニックネームで呼ばれるシステム。給食を食べ終わると私のところに集まってきてマッサージ屋さんが始まる。何やら相談しては

「今日のサービスはひじかけです」

「今日はピコとマーシーが扇風機サービスをします（下敷きのうちわ）」

などと言いながら日替わりでサービスを考える。店員はどんどん増えて、登録は最終的に二十四名。始めの頃は遠慮がちだった引っ込み思案の女子たちも、マッサージキッズの時は積極的。場面緘黙《かんもく》のあさぎも力強いマッサージをしてくれる。ふざけて私の膝に乗ることを最後まで競うのも、あさぎを始めとする普段おとなしい女子たち。先生の膝に堂々と乗る――マッサージ屋さんごっこを通してこの子たちはそれができるようになったのだと思う。このベタベタは、何週間か楽しむと自然に離れていった。

お店にマッサージ師が増えてくると、やることがない子たちが別のサービスを考え始める。そ

こで生まれたのが「おわらいオンステージ」。まあ、本当にサービス精神旺盛。毎日毎日、新しい芸を考えて私とマッサージキッズたちに見せてくれる。このお笑いの中心になっていたのが、智也、隼人、祐介。さらに、最初は遠巻きに見ていた帰国子女で頭脳派の裕太郎がいつしか加わり、毎日のネタ合わせに余念がなかった。おもしろい時もあれば、全然おもしろくない時もあるのだが、めげずに毎日続ける熱心さには感心した。それを「今日のはおもしろい」とか「それはいまイチ」とか評価するのは菜々たちと私。給食後の、ささやかなお楽しみの時間だった。マッサージキッズの一部の子は昼休みの職員室や校長室への出張サービスも始めた。

六月の終わり、「学級内クラブ」を立ち上げた。マッサージキッズはそのままクラブに変身。そして当然のように「おわらいクラブ」ができた。この「おわらいクラブ」には、マッサージキッズには所属しなかった自由人の玲音や昌希たちも加わって総勢九名。トラブルメーカーの集まりではあるが、ごっこ遊びが得意な彼らはストーリーを作るのが上手。もめながらも、サルの一家の家族会議のネタを私も入って一緒に考え、お楽しみ会で披露すると大受けの大好評。一〇月からの第二シーズンでも「お帰りなさいサルの家族」というネタを隼人を中心に作り上げ、お楽しみ会や参観日で発表した。

菜々や明奈たちが「ダンスクラブ」で元気いっぱいに教室で踊り出すと自然に「観客」の輪ができ手拍子が始まる。同時に、教室の後ろでは「体操クラブ」が集まってブリッジをしたり足を高く上げたりと不思議な光景。ものづくりが好きな子たちは「工作クラブ」で色画用紙の端材を使っておもちゃや飾り作りに夢中。体育でドッジボールの授業が始まると、ボール遊びに慣れていないおとなし目の子どもたちで「ドッジボールクラブ」を立ち上げ、密かに「特訓」をしていた。

学年でも、「体験」と「つながり」を大事にしようと決め、子どもたちの自由な発想とグループ活動を大事にした活動を多く取り入れようと工夫した。まず、春の遠足（動物園）では「ミッション」を用意してウォークラリーを行った。グループは、調べたい動物を基本に学年全体で作った。今まで接点のなかった隣のクラスの子と仲よくなった子もいた。運動会後は、生活科の「レッツゴーまちたんけん」で、やはり学年全体で行きたいお店ごとにグループを作り、インタビューや新聞作りをした。

そのほか、市立図書館訪問、大きな公園に出かけての虫とりやそりすべり、動物園での小動物ふれあい教室、児童玄関前でのチョークによる公認落書き、森に入ってのつる切り作業にリース作り、焚き火パン作り、スノーラフティング体験など、教育課程を工夫しながら、多少遠いところへ歩いて行ってでも様々な体験とふれあいができるようにした。

三学期は、けん玉がブームになった。教頭とフリーの先生が始めた中休みのけん玉検定がきっかけで、三学期にできたけん玉クラブにたくさんの子が所属し、技を磨き合った。一学期まで場面緘黙だったあさぎも、その中心になって活躍した。休み時間ごとに、友だちに優しく熱心に技やコツを教えていた。二年生の終わりには、授業中の発表や音読だけではなく、お楽しみ会の司会もできるようになっていった。

7　もめごと、トラブル大歓迎

三学期、昼休みの「氷鬼」から戻った克也と祥平が、

「隼人が、捕まったのに移動して助けてもらうからだめだ」（氷鬼はタッチされたらその場で動けなくなるルール）と怒っていた。すると隼人が

「だって、克也と祥平ずるいもん。捕まえた人のところから動かないで、助けに来た人を次々捕まえるから、ずっと逃げられないんだもん！」

「さぁ〜、これ、どう思う？」と、さっそく学びの材料に。

隼人のしていることはルール違反、克也たちのしたことはルール違反ではなく作戦、でも、もしいつも同じ人を狙っていじわるしているのだとしたらかわいそう、という話し合いになった。

「隼人を先に捕まえて、助けに来た人を次々捕まえて守る範囲を広げていくこのやり方はどう思う？」と聞くと、菜々が

「まず隼人を押さえる、っていうのはあったまいい！」

みんなも

「うんうん」

私「隼人のことといじめてるのとは違うのね？」

「うんうん」

私「隼人、わかる？　この狙われ方は、隼人がうまいからマークされたんだよ。ね？　祥平」

祥平「うん」

隼人「あー、なんだ！」

私「でも隼人、走りたいから嫌だったんでしょ？」

隼人「うん、嫌だった」

私「お互いにそれがわかったら、次の氷鬼が楽しみになるね。それにしても、克也たち、よく考えたね」

菜々「うちら、ただ走ってた！」

あははは…。

このあと、子どもたちが誰も知らなかった「たすけ鬼」を教えた。こっちのほうが、逃げる方も鬼もチーム戦になるね、と。翌日からさっそく「たすけ鬼」ブームが始まった。

一方の女子は、ダンスクラブで揉め事が起こった。明奈が、

「今日は摩耶と遊ぶ約束したからダンスクラブやらないって言ってあったのに、菜々が『南が（ダンスを）見たいって言うから一回だけ』ってしつこい」と泣きだした。菜々はどうやら南に「見たい？」と誘って「見たい人」を作っている気配。みんなに聞いたら、

隼人「菜々の見せたいっていう気持ちはわかるけどさ、押し付け過ぎでしょ」

う～ん、私が何か言うよりずっと説得力あるなぁ。でも、

「一回だけ付き合えばよかった」と言う明奈、

「そういうことなら南と一緒に見ればよかった」と言う摩耶も素敵。一年生の頃は気に入らないことがあると相手に爪を立て、流血させてしまっていた菜々が、隼人にズバッと言われて「あはは」と笑っていた。

　今でも失敗がたくさんの子どもたちだが、その失敗を大事にし合いながら大きくなっていってほしいと思う。

解説

トラブルを読み解き、つながりの世界をひらく

小室　友紀子

1 「子どもの声を聴く」ということは

里中先生のクラスでは、実に多様なトラブル・事件が巻き起こる。いずれもトラブルのきっかけは「しつこい、やめて、といってもやめてくれない」「誰かがやっていたから真似した」「おもしろいから」など、大人から見ればささいな、そして子どもゆえの未熟さからくるものである。このような理由によるトラブルに対して、里中実践は「悪いことをするのも、正義感を出して人に注意するのも、自分のまずさに気づいて素直に謝るのも、すべてその瞬間はその子にとっての真実」ととらえ、子どもたちの「今」から実践が出発している。

里中先生は毎日の生活のなかで起きる子どもたちのトラブル・事件に対して①当事者の子ども

たちから丁寧に話を聴く　②事実を整理する　③子どもたちの心境に共感しながらトラブル・事件に至る思いや動機を確かめる　④トラブルの当事者同士やクラスの子どもたちをつなぐ　⑤気持ちを確認しながら解決する、これらのことで子どもたちと一緒に読み解いていく。

【体育の順番トラブル】では、当事者でない子たちをモデルにしてトラブルの「再現フィルム」を行う。これは当事者の摩耶や明奈にとっては自分の行動を客観的にみつめることができる機会となり、モデルを演じた子どもたちやそれを見て考えるクラスの子どもたちの発言から多様な思いや考えがあることを共々に気づかせていく。それぞれが気持ちを言語化することで、自分の思考の意識化ができ、それはその時、そう思った自己を肯定することにもつながっていくと考える。

【祐介をめぐる「イジメ」もどき事件】では、班で話した後にクラスにも開き、当事者以外の子どもたちの本音や思いも表出させ、なぜトラブルがおき、ではどうすればよかったのか、を子どもたちに考えさせる。その時も、里中先生は決して結論を押し付けたりしない。行為・行動の決定は子どもたちにゆだねているのだ。

以上のように、里中先生は子どもたちが巻き起こす一つひとつのトラブル・事件をいとおしく思いながら、トラブル・事件の読み解きを子どもたちと丁寧に行い、明るいトーンのなかで、前向きな方向を見出していくのである。

トラブル・事件は誰のせいで起こったのか、という犯人捜しをするような解決の仕方で子ども同士が責め合う雰囲気をつくるのではなく、共に考えあい、学びあい、そこで得たものをクラスの共通の財産としていく低学年での経験は、やがて、起こるトラブルや事件を自分のこととして受け止め、考えあい、自分たちの世界を自分たちで創造していくちからとなるだろうし、そのような世界をつくり出すリーダーとして子どもたちが立ち上がっていくのではないだろうか。

思いや動機はともかく、現れる「トラブル」だけを見て、それに審判を下し、決められたルールに反することには一律に罰を与えることが横行し始めている現在の教育状況では、教師は「問題行動」を起こす子ども・子どもたちを、生活のなかで悩み、考え、時に過ちを犯してしまう「自分と同じあなた」ととらえることができず、矯正が必要な「操作させる対象」としてしかみられなくなってしまう怖さがある。

子どもの声を聴く、ということは、現れる行動がどのような状況や思いからおこったのか、常に子どもに「なぜ」と問いかけ続け、子どもの声なき声を探り続ける教員側のねばり強い、地道な日々の実践であると考える。上記の①から⑤を踏みながら子ども・子どもたちに問いかけ続ける里中先生の姿勢が、「やるか、やめるか」「できるか、できないか」という二項対立を越えて、みんなで新しい道をつくり続けていくことを可能にしていると考える。

2　活動が育むもの

里中実践で特徴的なものは授業も含めた活動が大変豊かに展開されるところにある。

「体験」と「つながり」、「子どもたちの自由な発想とグループ活動」を大事にした「春の遠足のウォークラリー」をはじめとする学年での様々な活動は、子どもたちが生き生きと取り組む姿が目に浮かぶ。授業とは、子どもたちにとっても、教師たちにとってもなんとおもしろく、創造的な営みであることか！　と読みながら、自分だったらどういう構想をたてようか…とワクワクしてくる。

そして、「やりたい」から始まる豊かな世界・活動が子どもたちの中から生み出されてくる。里中先生へのマッサージがきっかけとなってできた**【マッサージキッズ】**では、生真面目、優等生タイプの智也と広大、普段おとなしい女子たちや場面緘黙のあさぎという、自分を素直に開いて表すことが苦手な子どもたちが活躍している。私自身が勤務する肢体不自由の特別支援学校で出会った子どもたちは、心が小さく縮こまっているとからだも必然的に固くなり、安心して人にからだをあずけることができないことを教えてくれた。

マッサージキッズの活動を通じて、自分たちで活動を膨らませて楽しむ充実感と深くあたたかく受け止めてくれる里中先生への安心感から、おとなしい子どもたちは里中先生の膝に乗ることを最後まで競い、それが十分満たされると自分から里中先生の膝を離れていく。からだを介した子どもたちの姿に、おとなしかった女子たちの変容と自立へと向かう育ちを感じる。場面緘黙のあさぎに至っては、三学期の「けん玉クラブ」で中心となって活躍し、友だちに技やコツを教えたり、授業中の発表や音読、お楽しみ会の司会もできるようになったりするなど、大きな成長をみせてくれる。

子どもたちから始まった「マッサージキッズ」の活動は、子どもたちに「自分たちで活動をつくり出せる」ということを気づかせる。「活動をつくり、変えていくちから」を発見した子どもたちの自由な発想はさらに豊かに広がり、やがて「学級内クラブ」へと発展していく。興味深いのはマッサージキッズのサービスのひとつとして生まれた「おわらいオンステージ」「おわらいクラブ」の活動である。所属メンバーは優等生であったり、頭脳派だったりする智也・裕太郎やトラブルメーカーである玲音・昌希たち。そして一年生の時の【イジメもどき事件】の祐介や隼人もいる。活動が子ども同士を結びつけている。ネタをつくってごっこ遊びを楽しむ子どもたち。ごっこ遊びは自分を越えて違う人になり、「〜のつもり」になることができる子どもの育ちにとって重要な意味のある遊びである。同じイメージの世界を共有し、自分でない誰かを演じることのもつ教育的な意味をもっと深めてみたいと考える。

3　保護者・同僚とのつながり

【イジメもどき事件】の時、里中先生は関わった子の保護者一軒一軒に丁寧に報告し、懇談会でも「子どもの現状をありのままつかんでほしい」「ここから子どもたちが学ぶことが大事」「互いの正直な思いを出して話し合っていけばいい」「みんなでどの子も見守ってほしい」と伝え、保護者を子どもたちの応援団にしてしまう。

また、「学校」の枠にはまらない玲音について彼の母には、玲音の魅力・良さを伝え、彼の行動や思いを彼の視点から母とともに考え続ける。「子育てに失敗はゆるされない」「自分の育て方が悪かったから『問題行動』を繰り返してしまうのではないか」と自分を責め、周りからも責められている気がしてしまう現代の孤立した子育て環境で焦りや不安を抱えている保護者も多い。その中、子どもは失敗するのは当然で、そこから学ぶことができる、一緒に見守っていきましょう、と前向きな方向を指し示してくれる里中先生は保護者にとっても安心をもたらし、大きな支えであったと考える。

そしてビデオで紹介された楽しく生き生きと生活する教室の子どもたちの姿が、里中先生の指導の確かさを保護者に確信させたのではないだろうか。また、共に子どもたちを育てる同僚との関係はここでは詳しく書かれていないが、学年での活動が多く設けられていることから、里中先生は同僚とも同じように丁寧に語り合い、子どもたちにとって大事なことは何か、の共通理解をはかりながら実践していることが読み取れる。こうやって里中先生は大人との関係をつむぎ、子どもたちがあたたかいまなざしのなか、伸び伸びと育つ土台をつくっている。

4　おわりに

子どもたちだけでなく、私たち教師も「はやく」「たくさん」「言われた通りに」職務を遂行することが求められ、そうできないと責められ、苦しむことが多いなか、里中実践は「弱くてもいいんだ」いや「弱さ、未熟さゆえの失敗やトラブルがあるからこそ豊かな学びと育ちができるんだ」ということを教えてくれる。「問題行動」の理由がなかなかつかめず、子どもからの暴力的な言動に傷ついたり、苦しさを抱える子どもたちになすすべが見当たらず右往左往する自分のちからの無さに悩んだり…教師の日々はつらいなあ、と感じることもある。

しかし、その明るさとやさしさで私をゆるし、救い上げてくれ、教師であるがゆえの喜びを味わわせてくれるのもまた子どもたちである。のぼったり、くだったり、時に立ち止まったりしながら「生きるに値する世界」とは何かを問いつつ、子どもたちとともに生活をつくり続けていくことそのものが実はとても意味のある「教師のしごと」なのではないだろうか、と未熟な私は里中実践から励まされる。

Ⅲ

同調と排除の学級空間を自由な共生世界に変える

実践　北山　昇
解説　小渕 朝男

実践記録

教室から飛び出す自由と戻る権利
——彼らが背負う苦しさを要求に立ち上げて学級を変える

北山　昇

1　彼の周辺——ＡＤＨＤと二次的障害

大河《たいが》は入学前から荒れていた。一年生の時から診断を受けてコンサータ（衝動を抑える薬）を飲むようになった。注意欠陥多動性障害（ＡＤＨＤ）である。校庭に逃げる、追いかける、怪我させる、交通事故、万引き、学校しぶりなどファイルにはたくさんの申し送りがあった。二年、三年となるにつれて、多動は周知され、学校中の承認を得て、大河の行動は誰も止められないゆえの特別扱いとなっていた。四年生になった大河を受け持つことになった。

四人兄弟である。高校生の兄、中学生の姉、そして大河、さらに弟がいる。大河の母親はロックが大好きである一方で、時に鬱的な状態もあるようだと聞いた。公務員の仕事で疲れているという話も聞いた。学校からの私の電話にはまだ出たことがない。兄たちも小学校でトラブルがあったらしい。大河も入学前からトラブルを繰り返し、子育てに疲れたのではないかと職員室の話題になっていた。父親が留守の毎週火、木曜日の朝は、超ハイテンションで登校する。母親だけのときは、朝食を用意しないという。療育センターの主治医は毎日薬を飲ませるように指示をしているが、薬も飲ませていないようだった。

彼の父親は、建築関係の仕事で出張があり、毎週火、木曜日が留守である。五月に年間計画の個人面談で、初めて話をした。がっしりとした体格だが、愛想のいい笑顔で話ができた。お弁当のこと、プールのこと、薬のことなどで、その後も時々連絡を取っている。やがて、学校にも関心をもってくれるようになっていった。

2　教室から飛び出す自由

四年生になった大河は、朝からハイテンションのことが多い。学級開きから一、二週間、とにかく、動きっぱなし。そこにいたかと思ったら、もういない。ベランダを走り、非常口から階段へ抜け、給食のワゴンステーションに寝そべった。授業中も、保健室へ堂々と入り、勝手に図書室で本を読んだ。ろうかを大きな音を立ててドッジボールでドリブルし、壁にボールを叩きつけた。三階ベランダから植木鉢に入っていた石を中庭に投げた。昇降口の階段で大の字に転がり、ろうかを全速力で走った。他のクラスの子を階段から押して、苦情を受けた。

クラスが変わり、環境が違い、彼は居場所を探しているのだろうか。それとも、この状態は一年間続くのか、じっくり、のんびりとつき合うしかないと思った。学校は息苦しい、窮屈、彼もそう思っているのかもしれない、私がそう感じているように。

彼の様子を分析して、三つの方針を立てた。

①私が彼に基本的に信頼されるようになる。そのために、約束、契約を守り合う関係をつくる。
②大きな迷惑がかからないような彼独自のやりたいこと探しをする中で、彼の価値観を学級に広げる。
③学級の子どもたちの批判も受けながら、文化的な活動の中心に彼が位置づくようにする。

ほとんど毎日、ハイテンションで過ごし、「先生、セーハ（ジャンケンゲーム）、やろう」と私を誘って笑顔で帰っていった。

私は、その行動をすべて目で追いながら、行動自体には気づかないふりをして、彼の行動を叱ったりしないことにした。時々「そろそろ席に戻ろう」「硬筆書くよ」と誘った。指導したいことの一割で抑えた。九割の我慢は大河と私のザイルであり、対等関係の契約の基礎だと考えている。

長田菜奈《なな》が、「先生、大河をあまり叱らないね」と言いに来た。

私「毎日毎日叱られてばかりじゃ、いやでしょ。叱りたいけどさ」

菜奈「先生、だめじゃん」

私「いやー、それほどでも…」

菜奈「褒めてないし。でも、大河、先生の言うこと、聞くよね」

私「聞くことしか言ってないからね。照れるなぁ」

やがて、大河は「えー、何で」と拒否することがなくなり、「うん」とうなずき、約束を守るようになった。その頃流行っていたキャラクターのなめこの絵を描いてあげた。初めて注文されたとき、色鉛筆を使って最高傑作を作った。それから、注文がいっぱいくるようになった。大河にあげたくないくらいにうまく描いた。

私のクラスでは、班活動のスタートとして班の名前を決めて、画用紙に班がそれぞれ考えたマスコットマークを描いている。そのマスコットにシールを貼り、シールがたまればフェルトでつくったワッペンをつけて、取り組んだ成果や班の成長を記録している。例えば、「早く集合しよう」という取り組みなら集合が早かった班、チャイム席の取り組みならチャイム席を全員した班のマスコットにシールが貼られ、シールが十枚たまればワッペンをつけていく。そうすると、自然と班同士、取り組みにも真剣になっていく。

班のマスコットにシールがつき始め、ワッペンがついて班競争になった頃、大河が自分のワッペンを要求してきた。

大河「先生、ワッペンがほしい」

私「大河のマスコットをつくろうか。シール貼って、ワッペンためようか」

大河「うん、先生、作って」

私「わかった。みんなと同じ鳥のマスコットでいい？」

大河「なめこのワッペン作って」

私「いいよ、何をがんばるの」

大河「教室にいるとか、席につくとか」

私「『なめこ図鑑』を先生も買ったよ」

傍で聞いていた菜奈も会話に入ってきた。

「先生、『なめこ図鑑』買ったの？　なめこ好きになっちゃったの？　私もなめこのワッペンほしい」

大河は、一学期後半になめこを描くなめこクラブを立ち上げた。

要求をきいて、見守る。大河は異常ではない。ちゃんと訳がある。彼の発想はおもしろい。別の価値観、別の世界を生きている。それを価値観だと認められれば、一緒に生きていける。大河の価値観が認められる学級、学校、社会をつくろうと思った。

3　動きが自由でおもしろいリズムダンス

体育でリズムダンスに挑戦した。体育館でCDをかけて説明しても、子どもたちはなかなか手足が動かない。まだ、四月、友だちをつくるどころかお互いの名前も覚えられない中で、無理な要求かもしれないと思った。大河は準備体操の時からいない。遅れて体育館に入ってきたが、ステージに上がったり、倉庫に入ったり、跳び箱に乗ったりと忙しかった。

「大河、楽しいダンス、そろそろやるよ。おいで」と声をかけた。同じ班の子どもたちも時々呼んでいた。

何度か音楽をかけているうちに、いつの間にかグループに参加し、気がつくと彼の動きに従って動く子どもたちの姿が見られた。

まとめの発表で、ボリュームいっぱいにロックを流すと、元気に踊り始めた。一班のチームは、ダンスを習っている代表委員の宮田百合がチームをリードし、ヒップホップダンスになっていた。二班のチームは代表委員の牧田秀一が、おどけた調子でリードしていた。四班のチームは、学年委員の長田菜奈と川田さくらがテンション低くリズムをとってリードしていた。やれない、やりたくない、やってくれない感にあふれていた。

三班のチームは、大河が大きな動きで飛び回り、その後に従って同じ動作をするリズムダンスができあがっていた。大河の解放されている自己は、体育館を自由に駆け回り、周りの子どもたちはそれに圧倒されて、真似して踊っていた。
授業のまとめの感想では、「大河さんのリードで三班がみんなよく動いていました」「三班は他の班と違って、動きが自由でおもしろい」「大河さんが動くとみんな音楽にのって真似して楽しそうだった」と褒められていた。大河はにこにこ得意そうだった。私も
「大河、上手いよね。先生にもできないよ。はじめは、やる気なさそうに体育館をうろうろしていたけど、あの動きとリード。すごいね。自分を解放できて、自由にリードできていたよ。リードだけじゃなく、みんなが真似しながら、どんどん動きまわって、手足を動かして盛り上げていたよ、三班に拍手」と褒めた。なんだかすごく嬉しかった。
授業が終わった後、CDプレイヤーを片づけながら、少し菜奈とさくらとおしゃべりをしていた。「四班の低いテンションはどうにかならないか、自分たちもダンスは苦手。なんで自分を解放できないのか。なんで大河は自分を解放できるのか。大河のダンスすごいよね」そう言って教室へ戻っていった。回を重ねるごとに、どの班のダンスも自由な動きになっていった。

4　言いたいこと、やりたいこと――四月のお誕生日会

四月のお誕生日会の出来事である。

Jリーグチームのあるサッカー大好きなまちの子どもたちだが、学校の授業や学級のレクでサッカーをやることはない。みんなでレクをやるときの暗黙の了解で、サッカーはやらないことになっていたらしい。サッカーは、習っている子と習っていない子の力の差が大きいため、レクでは避けているようだ。

班長会で四月のお誕生日会の提案づくりをした。菜奈は「どうせ多数決したらサッカーにならないよ」とあきらめていた。予想通りに百合がサッカーに反対した。「みんなで一つのものをやるのが大切だから、多数の支持するドッジボールをやる方がいい」と。私は「やりたいものをやりたい、って言おうよ」とそそのかし、サッカーとドッジボールを選べる提案を班長会でつくった。

「今回は二つの中から選べるようにしてみよう。反対意見があったら考えよう」

「みんなでやる」を一度壊したかった。

サッカーをプログラムに入れると、

「えっ、サッカーやれるの。やった！」と大河と菜奈、仲間の男子たちが奇声をあげて喜んだ。学校のレクでサッカーをやるのは初めてに近かったようだ。

百合も「やりたいものやれるのもいいね」と合意した。

チーム編成でもめた。サッカー少年団に所属する子どもたちばかりのチームと、それ以外の子たちのチーム、と分かれたチームができた。

試合が始まってすぐに、サッカーのスポーツ少年団の子どもたちがボールを独占するゲームとなった。サッカー少年団に所属する子が多数いるチームは、それ以外の子にはパスが回らない。また、サッカー少年団の子がいるチームといないチームで対戦すると、ワンサイドゲームになって、彼らがいない対戦チームがボールを持つことはほとんどなかった。力の差が明らかだった。もちろん、大河にもボールは回って来なかった。

できない者たちの権利である、チーム編成にたいする不満は大河の口からしか発せられなかった。他の子たちは、六対〇になっても黙ったままだった。

大河は「つまんない。チームずるい」「こんなチームいやだ、やりたくない、やめる」と怒って、コートを出ていった。誰も出せない要求を大河は出せる。サッカー少年団に所属する子どもたちに対しても縛りがなく、自由だから。暗黙の了解も、空気を読む必要もないから。常識的な仲間でもなく、常識的な信頼を考えてもいない彼だから言える。

大河が抜けても、試合は続いていた。

大河に「どうした」と声をかけ、サッカーを仕切っていた菜奈を呼んだ。「チーム替えしたい」という彼の要求とそれに同意した白石海《かい》の要求を、その場で正式な要求として出した。菜奈はチーム替えに反対し、菜奈と遊び仲間の数人も、「この次やるときにチーム編成を考えよう、今日はこのままで」と反対した。

海と大河は「ずるい」といいながらも、それ以上に言う言葉はなかった。

「海と大河は要求は出したから、後は班長会集めようか」と私が菜奈に声をかけた。菜奈は、「いいよ。わかった」そう言って班長たちを集めた。その話し合いを受けて、菜奈は「班長会としてみんなが楽しめるように、この試合はここで終わって、新しくまたやろう」と呼びかけた。その場でチーム編成をすることになった。

四月のお誕生日会のまとめにも、大河からの意見が出せた。彼の不満が要求になり、休み時間のサッカールールも少しずつ変化していった。

五月のお誕生日会には、ドッジボールも、三つのドッジボールコートのラインが引かれるようになった。だれでもボールが回るように、楽しめるように、スピードボールチームとゆっくりチーム、のんびりチーム、レベル別の対戦も組まれた。

みんなが楽しむためのどんなルール、どんなチーム、どんな工夫が必要かを考え始めた。

5　社会科のまとめ――警察署の仕事を劇に

大河がやりたいものを探していた。班長の菜奈、さくら、百合、秀一、さつきとおしゃべりする中で、それは、見つかった。

菜奈「今日の社会のまとめ新聞って、何するの」

私「消防署見学と同じで消防署と警察署を新聞にまとめるよ。他のまとめがいいの？」

さつき「大河もやれるものないかな」
いつもの私のせりふをさつきが言った。
さくら「先生、劇は？『白いぼうし』（国語）でやったみたいに」
牧田「それいいね。警察の劇だったら、大河もいいけどぼくたちもやりたい」
百合「消防署の仕事の劇をやりたい班はないと思うけど」
私「いいんじゃない。警察署の仕事だけで」
さつき「大河は絶対、銀行強盗選ぶよ」
石田「ATMつくりたい」
百合「うちの班に大河がいるけど、勉強したことと銀行強盗って関係あるかな」
さくら「いいんじゃない　楽しくやれるから」

班の遊びであり、テレビの警察物語である。思いっきり警察ごっこで、私も教室を走り回ろうと思った。学年にも了解を取り、まとめの時間として社会の単元にいれた。

大河だけでなく、どの班も一斉に劇モードに入った。ダンボールを集め、画用紙を大量に使い、小道具、大道具づくりが始まって、あっという間に、教室もろうかも雑然としてきた。社会の時間を使って取り組みが進んでいった。

この提案の翌日、登校途中に、大河がエアーガンで通学班の子を脅していたので、指導員さんが注意した、と学校に連絡があった。知らせてくれた教頭に、事情を説明した。有名すぎて、情報が早い。百均のおもちゃのピストルを両手に持って、大河がにこにこしながら教室に現れた。劇はドタバタだったが、教室中が舞台になり、泥棒と警察が教室中を堂々と走り回った。

教科書を読み、ノートをとり、発問するワンパターンの授業では、集中が続かない。警察物語のストーリーを創り出す大河の力をどう引き出すかの課題は、他の子どもたちの課題でもあると思う。また少し、大河と私、大河と他の子どもたち、私と子どもたちの距離が縮まった気が自由な大河の自由さが認められ、広がるような気がした。

6　校内音楽会の小太鼓をやりたい

校内音楽会のためにオーディションが行われていた。音楽は専科なので、専科の高田先生に任せていた。練習が始まって、音楽室を覗いてみると、大河がうろうろしていた。音楽室の中を歩き回り、ろうかに飛び出し、保健室に逃げ込み、最後は教室に戻った。

保健室は大河のもう一つの居場所になっている。教室が真剣な、静かな学習の場になると、そっと教室を抜け出し、保健室に行く。うろうろしたり、絵を描いたり、工作や折り紙をしたりする、のんびりと落ち着く場所になっている。私も逃げ込みたいような場所になっている。保健室に行った日は、（ほとんど毎日だが）大河の様子を聞きに行く。保健室の小谷先生は笑い話のようにして、彼のことを伝えてくれる。保健の仕事で忙しいのに、彼を受け入れてくれることを思うと頭があがらない。

私「大河は、指揮のオーディションに落ちたのか」

大河「指揮やりたかった」

私「リコーダーはどう」

大河「吹けない」

私「鍵盤ハーモニカはどう」

大河「できない。指揮がいい」

私「他の楽器ないかな。タンバリンとかカスタネットとか。高田先生に相談してみようよ」

大河「うん」

大河には、リコーダーも鍵盤ハーモニカも無理な話だ。そんな根気はない。体育館での練習になったが、予想どおりに体育館の中を自由に飛び回っていた。彼のすべての行動を目で追いながら、見てないふりをしてあげた。一カ所に留まっていることはなかったが、必ずその周辺にいた。外の水飲み場で水を噴射し、ボールを蹴り、ありを追いかけ、つぶした。わたしも時々、横に並んでありを追いかけた。合奏の音が私たちの横で響いて、頭の上を通過していった。大河と過ごす時間ができてちょっぴり気が休まった。

そのうち、こっそり、余っている小太鼓を叩き始めた。嬉しそうだった。

昼休みに、班長たちとおしゃべりをしていた。

私　「大河は、小太鼓やりたいみたいだけど、高田先生に言ってあげようかな」
菜奈　「先生、オーディションだからダメなんじゃないの」
私　「でもさ、大河が『先生、言ってよ』って言うんだよ」
さくら　「大河のやりたいものを先に決めればよかったかな」
私　「先生もそう思ってたんだよ。大河と一緒に高田先生に聞きにいってくるよ」

高田先生はちょっと考えてから、「いいですよ」と言ってくれた。そのあとも、音のバランスがとれるようにソフトな叩きかたを教えてくださった。

イベントを行うからには、一番困っている大河をどういう役割にするか、まず、考えてから進めなければならなかったんだ、と反省した。

「大河さん、よかったね。上手だったね。嬉しそうだったね」何人かの先生方から、感想をいただいた。子どもたちからも、「大河できたじゃん」「上手かったね」小太鼓のヒーローが笑顔だった。子どもたちに、「大河だけの特別扱いを認めてくれて、ありがとう。やりたい楽器をやれずに我慢してくれたんだよね、ごめんね」と話した。子どもたちはそれぞれ、言いたい放題の感想で盛り上がっていた。

「よく演奏できてよかった」
「リコーダー好きだから、リコーダーでいい」
「やりたいものに選ばれたからよかった」

「落ちて悲しいけど、それでいい」
「楽器はやりたいものがやれたらいいのに」
大河の楽器問題を受けて、オーディションが狭き門から広き門になった。楽器の数が増えた。翌年の音楽会では、大河がやりたい楽器、マラカスの担当になれた。別のクラスの課題を抱える子どもたちも、やりたい楽器の担当になれた。

7　体育のハンドボールリーグ「これじゃ、勝てねえよ」

何にでも出たがる大河だったが、第一回のハンドボールリーグのリーダーに立候補して落ちた。四月は、誰も立候補しようとしない学年委員決めや、互選の班長決めでも落ちることはなかった。できない彼を応援しつつ、やる気の彼に任せて、男子のリーダー候補たちは自信のもてない重そうな役割から逃げていた。

大河が落ちた理由の一つは、班長や学年委員としてしっかりできていないこと、体育でも都合が悪いと勝手な行動をすることだった。さらにもう一つ、隠れていた男子のリーダーをことあるごとに煽って、表舞台に登場させたことがその理由だった。

落ちてサブリーダーとなった大河の初めての試合だった。そして、点差のついた負け試合だった。

「ふざけんなよ」「なんでだよ」「これじゃ、勝てねえよ」そう言いながら、大河はボールを遠くへ蹴り飛ばした。

サッカーをやっても、ドッジボールをやっても、思うようにならないとブチギレた。彼にとっては普通のことだが、彼の周辺はびくびくして、沈黙する。彼から引いていくのがわかる。こんな思うようにならないところに生きる意味があるのか、そんな大河の声が聞こえてくる気がする。目の前の出来事に全力で立ち向かい、達成されないことに苛立ち、その悔しさに体をぶつけて抗議する彼を見ていると、他の子どもたちから消されてしまったものを感じる。お利口さと物わかりのよさと柔軟さと引き替えに、奪われたちからを考えさせられる。

その後の試合も体の小さなリーダー有馬友輝と、もっと小さな大河のすばしっこさは生かされず、負け続けた。そのたびにキレて、コートを出て行った。荒れたまま戻ることもあったが、そのまま戻らないこともあった。体育倉庫の中で物に八つ当たりすることが続いた。

それでも、チームが勝つことを考えながら、試合前、試合後、笑顔で頑張りをみせた。明らかに、四月の大河と比べると、落ち着いてきた。興奮の時間が短くなっていた。

チーム会議で何度か話し合って、作戦を立て直してがんばっていた。それでも負け続けていた。

大河「チームかえたい」

私　「リーグ戦が終わるからね。どんなチームにするの」

大河「勝ちたい。みんな動かないから、勝てない」

私　「大河はリーダーにもう一度、立候補して、『ぼくがチームをつくりたい、がんばる』って宣言してみたら。こんなんじゃ、勝つチームと負けるチームが決まっているのはおかしいって、ぼくがチーム力が同じくらいのチーム作るって」

大河　「リーダーやる！　やりたい。先生も言ってよ」

私　「試合やめてコート出て行くのを我慢できたらいいのにね。でも、興奮しないでいつもの大河に戻るのにかかる時間が短くなったよ。一回目のリーグ戦が終わったから、チームリーダーの友輝くんと一緒に言ってみようね」

8　学年ハンドボール大会のチームリーダー立候補

すぐに、チームリーダーを集めて、大河と一緒に要求を伝えた。第二回目のリーグ戦になるので、もう一度リーダーを決め直し、チームづくりをすることにした。大河はやる気はあるが運動能力がそれほど高いわけではない。それに試合の途中に文句をいって出て行ってしまう。どうするかを班長たちと話し合った。大河をチームリーダーにして、壁を蹴り、ドアを蹴って飛び出して行かないように責任をもってもらえるチャンスかもしれないと考えた。何より、少しプレッシャーをかけながら、大河に働きかける必要があった。

百合（司会）「チームリーダーの立候補に質問や意見はないですか」

私　「困ったことがあったら、今だしてね。リーグ戦が始まってからやっぱり…ってだめだよ」
菜奈「大河さんはシュートが入らなかったり負けてたり、チームの人がミスしたりすると、試合中にコートを出て行ってしまうけど、出て行かないようにできるんですか」
私　「そうだね。大河、出ていくよね」
　四班の班長、曽我すみれが大河の味方をした。
すみれ「大河さんは四月から比べると、けっこう教室にいます。社会の劇でも活躍してたし、今の私の班でも、一緒にペープサートやったり、がんばってると思います」
私　「今は、一緒に（総合学習の調べで）ペープサートやったり、がんばってるよね」
さくら「でも、体育倉庫のボールとか蹴り出すでしょ。いいんですか」
私　「大河のチームの人はどう？」
有馬「今、ぼくのチームだけど、出て行ってもすぐに戻ってくるから、大丈夫かな」
私　「そうなんだ。大丈夫か」
藍　「私はいやだ。チームかえたい」
桃香「そんなにがんばって、勝ちたくない。楽しくやりたい」
藍　「パスが回ってこない」
北　「動かないと、パスできないんだよ。動かない人がいるから困るんだよ」
伊豆「勝つ気あるのかなと思う」

私　「途中でやめたら、人数いなくて勝てないよね。みんなはどう？」
菜奈「大河さんが勝ちたいなら、途中でやめたらもっとだめなんじゃないの」
百合「みんながやる気失くす。でも、大河が出ていっちゃうのはわかっているから」
私　「そうだね。大河はそういうとき、すぐ出ていくからな」
有馬「もともと大河は、ドア蹴ったり、出て行ったりすることがあるのは知っているんだから、出て行ってもぼくたちが気にしなければいいし、あまりいやだとか思わないです。ぼくも怒るときあるから」
私　「がんばって勝てないと、むかつくことあるよね」
伊豆「点差がつくとむかつくし、動かない人がいるとふざけんなよと思うし。大河と一緒」
菜奈「大河さんのやってることがふつうってことですか」
伊豆「気持ちがわかるって。それに、前から比べると少しがまんしていると思う」
私　「大河はどうかな」
百合「大河さんはどうですか」
大河は、いつになく硬い表情で答えた。
大河「出ないように、がんばります」
そう宣言した。リーダーに決まり、チームで練習する姿があった。
「二五分休みに朝礼台に集まってください」

彼は三回目のリーグ戦のリーダーにも当選し、学年集会ハンドボール大会用の四回目のチームのリーダーにも選ばれていった。興奮する回数が減り、回復するまでの時間が短くなっていった。大河の要求を突き出す数が増えるに従って、学級は考える機会が増えた。大河の笑顔が広がるに沿って、学級に活気が出てきた。

大河がおんぶをねだり、私の膝に座り、私の腹を突っつくようになった。

子どもたちの一学期まとめの作文にはこう書かれたものが多かった。

「大河みたいに、何でも言っていいんだと思って、言いたいことがいえるようになった」

「大河がいると、学級でいろんなことができる。楽しい」

子どもたちも大河の真似をして、のびのびと言いたいことを言うようになってきた。

解説

自主的な人格である他者を「指導する」ということ

――自己決定の権利と共生への誘い

小渕　朝男

1「指導・被指導」関係の前提

北山さんの実践報告のタイトルは「教室から飛び出す自由と戻る権利」となっている。髪や服装が校則通りでなければ教室で授業を受けることを認めてもらえなかったり、逸脱行動の質や回数等に応じて「指導」マニュアルが標準化されたりしている、そんな今日的な学校状況に対する挑戦のように感じられる題である。

実践報告を読んで、確かに報告内容はタイトル通りであるけれど、それが可能となったのは、突出した多動性ゆえに大河の「特別扱い」が学校中から既に承認されていたからではないか。しかも、自分が担任になってから問題行動が目立ち始めた児童ではなく、それ以前から全校中に知れわたっていた児童である。「教室から飛び出す自由と戻る権利」を大河は四年生になる以前に自らの突出した「行動力」で勝ち取っていたとも言えるのではないか。だから、北山さんの指導に対して管理職からの「助言」や「指導」はなかったのであろう。というよりも、管理職が大河の指導を北山さんに託した形での担任依頼だったと思われる。また、同じクラスの子どもたちは既に大河を特別視する見方を十分身につけているためか、大河の「特別扱い」に対して不平や不満を言い募るということもせずに、担任の大河への接し方を観察しているようである。そういう見方をすると、北山さんが大河に「教室から飛び出す自由と戻る権利」を認めたというよりも、大河が既に勝ち取っていた自由を既成事実として事後承認しているだけのように思えなくもない。多くの場合、トラブルを起こす子どもがいても、「教室から飛び出す自由と戻る権利」を認めるようなスタンスで子どもに向き合うことはなかなか実践化できないことが多い。

北山実践に対して以上のような感想をもつ人は少なくないように思われる。しかしながら、この「教室から飛び出す自由と戻る権利」（＝自己決定の権利）をすべての子どもに基本的な人権として認めることは、一人ひとりの子どもとの間に指導・被指導の関係を形成するための基本的な前提というべきものである。指導とは、子どもを管理したり支配したりすることではなく、子ども自身が教師の指示や助言に納得して自主的に従うことであると考えるならば、子どもの自己決定の権利を指導の前提として措定せざるを得ないからである。

自己決定の権利として「教室から飛び出す自由と戻る権利」を認めるということは、子どもを人権と学習権の行使主体（当事者）として認めることであるが、そのことは同時に、学習活動への参加等を子どもの自己責任（自主性）に委ねるという一面をもっていることになる。そうした自己責任（自主性）原則を認めたうえで、子どもに対する働きかけが指導として成立する可能性を追求することが教師には求められることになる。言い換えれば、指導・被指導の関係とは、他者（子ども等）の主体性・自主性を否定せずに、他者の自己決定の権利を尊重した上で協同的または相互契約的につくり出される関係である、ということになる。子どもとの間にそういう関係を形成することは容易なことではなく、むしろ、「指導・被指導」関係が形式的に成り立っているように見える教師・生徒関係のほうが不自然であるとみるべきであろう。

2　要求の尊重と当事者性の尊重

さて、それでは、報告のなかで指導・被指導の関係はどのように作りだされているのか。そのことを見てみよう。北山さんは大河の様子を分析して次のような「三つの方針」を立てている。

①私が彼に基本的に信頼されるようになる。そのために、約束、契約を守り合う関係をつくる。
②大きな迷惑がかからないような彼独自のやりたいこと探しをする中で、彼の価値観を学級に広げる。

③学級の子どもたちの批判も受けながら、文化的な活動の中心に彼が位置づくようにする。

北山報告の中心は、この「三つの方針」に即した具体的な指導や活動である。①の「信頼されるようになる」という方針は、具体的には、大河の行動を「目で追いながら」「見てないふりをして」「あまり叱らない」ようにしたり、注文されたマスコットをていねいに描いてあげたり、音楽会での担当楽器の件で大河の希望を専科の先生に伝えたりしていることである。そうした個々の具体的な指導も、大河から信頼されるようになるために重要ではあるが、なんといっても、基本は、大河に「教室から飛び出す自由と戻る権利」を認めることであったと思われる。

要するに、子どもとの間に信頼関係をつくり出すためには、二つの側面から子どもに関わる必要があるということになる。一つは、自己決定の権利を尊重するという形式的な側面であり、もう一つは、なめこの絵を描いてあげたり音楽会や球技の試合等の場面における大河の要求（思い）を支援する側面である。前者の自己決定の権利を尊重することは当事者性の尊重と言うこともできるものである。後者の具体的な要求内容は方針の②と重なってくるが、具体的には学校で習得してほしい文化（知識・技能・社会性等）全般と関わってくるものである。北山さんは、前者の当事者性の尊重ということで「教室から飛び出す自由」を認めているが、その原則のみに立脚して、大河を自己責任重視の競争主義の孤立的世界に放置するようなことはしていない。強制はしないが、共に生きていく呼びかけを大河に絶えず行っていることは、リズムダンスへの誘い、「大河もやれるもの」さがしなど、実践の随所にはっきり示されている。ちなみに、北山さんは、この「大河もやれるもの」さがしを一緒に学級をつくっていく子どもたち自身に期待する発言を常に行っているように思われる。

こうした当事者性の尊重と要求の尊重は大河だけに向けて大事にされているわけではなく、当然、クラスの他の子どもにも活かされる指導原則である。一人ひとりが当事者として自己主張することが尊重され、それぞれが具体的な要求を学級のなかで表明するようになれば、当然、学級のなかで価値観の違いが表面化してくる。価値観や生き方の違いが出てきて、話し合ったり新しい共生スタイルを考え出していくことが求められることになる。それが方針の②と③である。ここでは、学校的な常識やお利口さを身にまとっている大半の子どもたちに、大河のような自由で常識に囚われない生き方・価値観と出会わせることがねらいとなっている。

こうした生き方の違い、価値観のずれについて気づかせる指導や場面も、報告のあちこちに見え隠れしている。北山自身の言葉で子どもたちに意図的に語られていたり、あるいは、当事者として尊重されている子どもたち自身の思いとして語られたりもしている。チームリーダーを決め直す話し合い場面で桃香が語っている「そんなにがんばって、勝ちたくない。楽しくやりたい」という一言は、大河や伊豆のような、勝つことに執着する価値観とは対照的である。こうした対照的な価値観が話し合いの場面で表明されていることは、この実践報告の奥深さを示すものでもある。

3　大河は変わったのか？

最後に考えてみたいことは、こうした①・②・③の方針に沿って具体化された指導（援助・かかわり方）の効果である。具体的にいうならば、この実践を通じて大河は変わったのかどうか、である。

学級開きから一、二週間の年度初めの大河の様子が紹介されているが、四年生としては異様である。しかしながら、その後、ゆっくりとではあるが、大河は確実に変わってきている。長田菜奈は「大河、先生の言うこと、聞くよね」といい、ハンドボールのチームリーダー選びの話し合いでは、すみれや伊豆から、大河に共感する発言や四年生になってからの頑張りや変化を評価する発言も出ている。何よりも、自分に対する厳しい批判が出てくる話し合いの場に最後まで参加して、クラスメイトの批判に対して、それまでの自分を反省する発言を述べてもいる。そうした姿は四月当初の様子からは想像できない変化である。

こうした変化をどう見るのか。なぜ、大河は変わったのか。大河の中の何かが変わったのだろうか。それとも、変わったのは大河ではなく、教師と大河の関係が変わっただけなのか。同じように、大河が変わったのではなく、クラスメイトと大河との関係が変化しただけとみるべきか。

大河の人格が変わったとみるべきか、それとも、大河と周囲の教師や同級生との関係が変わったとみるべきか。その二つを対立的に切り離すことは誤りであろう。大河の人格は明らかに変わってきており、その変化を大河における人格発達とみることは誤りではない。そして、言うまでもなく、そうした成長・発達をもたらしたものが、大河に対する教師やクラスメイトのかかわり方・付き合い方の変化であったとみて間違いない。

報告を読むと、大河は北山さんを様々な場面で頼りにするようになっている。また、北山さんとの約束を守る姿も出てくる。大河のこうした変化は、単に教師との関係が深まり、信頼関係がつくられてきたという捉え方で終わらせていいことではない。こうした行動面の変化は、実は大河のパーソナリティそのものの変容を示すと見るべきである。担任の北山を当てにして頼みごとをしたり、約束をしたりするということは、大河のなかで、北山という教師が信頼できる他者として受け入れられたということであり、北山を二人称の他者（you）として認知し始めたということである。しかも、この北山という you 的存在は大河に常に対話的に呼びかけてくる存在であり、決して、決まりや暴力（怒声や体罰）を振りかざして、学びを強制したりしない存在である。大河にとって、安心できる他者（二人称的他者）との初めての出会いであったのかもしれない。

佐伯胖《ゆたか》は、幼児が自分にとって親密な you 的な他者と出会い、そこで we 的世界をもてるようになることが、やがて they 的な世界に渡っていくために非常に重要であると述べているが（『幼児教育へのいざない』東京大学出版会、二〇〇一年）、その見方に立てば、おそらく、大河にとってはwe的世界を一緒になって構成してくれるような親密なyou（二人称の他者）と出会えていなかったのではないか。北山さんと対話したり頼みごとしたりするのは、大河と北山さんとの間にwe的な世界が形作られていることを示すものである。担任との間だけでなく、同級生との間でも、ドッジボールの時に一緒にチーム替えを要求した海や、ハンドボールのリーダー選びの時に大河に味方する発言したすみれや伊豆など、その時その時の大河にとってyouとなる他者が多様に現われていたのではないか。そうした多様なyou的他者が大河の内面世界でwe的な世界を構成するようになってきたとき、学級は彼にとっての居場所になり、学級から飛び出す必要がなくなっていくのではないだろうか。

親密なyouに支えられて生まれてくるwe的世界は自己肯定感の基盤であると同時に、自己が他者と共に生きている世界を大切なものであると感じる世界肯定感を背後に保持している。この他者と共に生きていくことへの肯定感・充実感はモラル（社会性）の源泉でもある。そう考えると、教師や大人が行う指導は、その指導のあり方が子どもの自己決定を尊重せず、既成の学校的規律を一方的に押し付けるスタイルである場合には、子どもにおけるモラルの源泉を破壊している可能性があるということになる。十分に気をつけたいものである。

Ⅳ

少年期･思春期の「自分づくり」に寄りそう指導

実践　豊田 健三郎
解説　齋藤　修

実践記録

あき子さんに寄りそって

豊田　健三郎

はじめに

あき子さんに寄りそって実践を進めてきた。偏頭痛があり、心療内科に通っていたころ、適応過剰の反応が見られた。そして前思春期ごろから、自分を「演出する」という新たな生きづらさが見られた。その度に、私も必死に考えながら進めてきた実践である。

1　四年生の頃

（1）あき子さんという子（六月まで）

あき子さんは一年の頃から偏頭痛があり、三年時は三回入院もしていた。「ちょっとしたことですぐ休む」と前担任。特に三年時の夏休み明けからひどく、通学団の子ともトラブルがあったらしい。四年時も、夏休み前後はたくさん欠席。

心療内科にも定期的に通っていた。入院して精密検査もしたが、外科的な問題は見つかっていない。卵アレルギーがあり（強いものではないと後からわかる）、卵は避けている。体が弱く、皮膚炎になったりかぜを引いたり溶連菌感染症になったりしていた。勉強はよくできる、賢い子。班長にも進んで立候補していた。誰かが何かをこぼした時などは、すぐ雑巾を持ってきてふこうとする。「私、何かしないといけないって思って、そのままでいられないから」と、そういう時、私に言っていた。

金管バンド部にも入っていた。そこで先生に強く言われたことがあったようで、そういう時は四日ぐらい連続で休んでいた。地域では、ボーイスカウトに入り、活動していた。

（2）おもしろクラブの劇（七月）

そんなあき子さんと律子さんが共に入っている学級内クラブに〝おもしろクラブ〟があった。おもしろクラブは、何かおもしろいことをみんなに発表するというクラブ。あき子さんがそのリーダー。あるとき、給食の終わった後の時間でおもしろクラブが「劇の発表をしたい」と言ってきた。みんなに了承され、行うことになった。これがひどい。あまりの内容に、私は切なくなってしまった。お父さんとおじいちゃんと子どもとお母さんが出てくる。

――ある日、お父さんが会社でリストラされ、家に帰ってきた。お母さんに怒鳴られ、おじいちゃんには「情けない」と言われ、子どもも、「あーあ、お父さんなんて嫌い」と言う。しかし、その後、宝くじが当たりディズニーランドに行き、幸せに暮らしました、ちゃんちゃん――。

という話だった。自己責任やら新自由主義やらがこんな家族のレベルまできている。

この話は律子さんが主に作ったらしい。あんなにお父さんが好きで、一緒に行動している律子さんが。自分のお父さんはぜったいそうではないという優越感があるのか。現実の生活で、お母さんがお父さんをばかにしているのか。本当は、お父さんへの憎しみを持っているのか。ちなみに、一緒に作ったあき子さんもお父さんは好きだと言う。見えない攻撃性が潜んでいたのだと、後から私は思うようになった。

(3) 一学期の班活動など

クラスの係活動は、班ごとに行っている。律子さんやあき子さんは班長であることが多く、係のアピールの時説得力のある意見が言えるので、班の中心となっていた。班長は五月から立候補制。班編制は教師と班長会で決めてきた。時々「班遊び」も行っていた。

朝は班のめあてを考え、ボードに書き発表する。係からの連絡も年度の後半は、多く出るようになった。帰りの会では、「班のじまん」を発表し、教師が選んだ優秀な班にカードが渡される。「全員が発言した」「〇〇くんが、ドッジボールで最後まで残った」など。年度の後半は「帰りの会係」がじまんの種類を分け、じまんの数ごとにカードを出すようにしていった。（カードが何枚かたまれば、お楽しみ会）

このほかに学級内クラブが五月頃からできている。そういうものを作れるという話は教師からした。「おもしろクラブ」の他に「将棋クラブ」や「お助けクラブ」、「ダッシュクラブ」や「ドッジボールクラブ」などがあった。

（4）豊田先生の〝魔法の言葉〟（九月、一〇月のあき子さん）

九月は、あき子さんは一月で九日休んだ。これまでよりもはるかに多い。「起立性調節障害」という仮の診断が七月に出て、その薬をそれ以降飲んでいたがそれも効かないという。

これは、外科的な問題ではないということがかなり見えてきたので、一〇月の初め、偏頭痛になる精神状態を分析して、どう変えるかを私が母親に提案。適応過剰や妄想があり、脳を常に興奮させ続けているのではないか、そのために偏頭痛になるのではないか、と。中学生の頃、自分にも似たようなことがあったことを私は話した。

「私は昔、不良少年たちに負けない自分を常に妄想していた。当時、ポケットにはナイフを入れていた。弱気になる自分が認められず、そのことを打ち消すため強い自分を妄想し、結果、脳を常に緊張させ、興奮させていた。偏頭痛がとてもひどかった。一度眠ると〝泥のように〟眠った」

この〝泥のように〟が、まったく同じだとあき子さんの母は言った。私は、続けた。

「あき子さんの場合は潔癖症で、自己評価に悩まされ、きちんとできていないと自分でいらいらしてくるのではないですか。正義感が強い一方、自分が失敗したり相手を傷つけたり何か悪いことをしたり、誰かに注意されることは決して自分で認められないのではないでしょうか。そのように誰かに思われていると自分で思ってしまうともうだめで、それを打ち消すために、妄想というか思い込みが必要になるのではと思います。特に友だちとのトラブルの時、自分はいい子と思われているはずだ、自分は相手を決して傷つけないと思い込もうとして、悪い自分を否認するのではないでしょうか」

私は、そんなことを母に話した。

本人には、溶連菌感染で一週間ぐらい欠席した後、話した。〝まあ、いいんじゃない〟と、自分のことを思う、流すようにしようと提案。みんな、少しは悪いことを考えるよ。〝そんな自分もあり〟と思っていいよ、と。「うん、もうお母さんから聞いてるよ」と本人。

この時、本人の声が変わっていた。何と言うか、ストレスのかかっていない、自分のまなざしのかかっていない、内側から搾り出すようではない、軽やかな声。以前よりも声が少し低くて、ゆっくりした話し方になった。それ以来劇的に変わって、三カ月で三日しか休まなくなり、一二月を終えた。本人が何かで顔をしかめているような時、「〝まあ、いいんじゃない〟だよ」と私が言うと、「いつも自分でそう言ってる。いつも言ってるよ」と本人。昨年の担任が、表情が明らかに変わったと一二月に私に言ってくれた。わたしの「魔法の言葉」と同僚に言われるようになった。

こうした変化が見られたが、「はり治療を始めて、それが効いている」とこの時点でお母さんは言っていた。「まあいいんじゃない」などの教師や周りの対応の変化が、本人の変化を作り出していることを避けようとしている感じ。お母さん自身問題に直面せず、否認していると思った。しかし、とにかく状況が好転しているので、心療内科も、外科に通うことも、すべてやめることとなった。一二月には、はり治療もやめた。

(5)「あいつ死ね、○○ゲームなら○○の仕方で殺せるし」(一一月のあき子さん)

一一月のはじめごろ。あき子さんは、親友のまやさんとはる子さんとパソコンでなにやら知らない中学生とやり取りをしていたらしい。三人だけの掲示板のつもりで始めたことが、知らない人も入ってくるようになったようだ。そこで、中学生からいろいろな言葉が出たりして、それらを覚えるようになったり、影響を受け始めた。その頃、私たちや親にもそのことが発覚し、パソコンについて注意することが家庭でも学校でも確認された。

その頃、「たんぽぽルーム」という心の相談員の部屋によくこの三人が相談に出かけていたようだ。そこであき子さんは、「Ｆのバカヤロウ。あいつなんか死ねばいい。〇〇ゲームなら、〇〇の仕方で殺せるし」などと話したと言う。えーっ。この子がそんな言葉でそんなことを！（ここから、例のパソコンでのやり取りが発覚することになったのだが）心の相談員さんから聞いて、私は驚いた。私は母親に話した。

「いや、しかしこれはいいことです。今まで否認していた自分の中にある攻撃性をこの子は自分で認め、吐き出し始めたのではないでしょうか。パソコンの知識で言葉は過剰になっていますが、本来思うことがあることです。こうした攻撃性を抑えるのではなく、出していい、ばーっとしゃべったらその後考えればいい。そう話していきましょう」

母親も驚いていたが、元気が出てきたのだと言う私の言葉にうなずいていた。また、この頃本人が日記に書いてきたのは、Ｆくんのことだった。

「三年時、ランドセルを振り回されて私がたおれた時、担任の先生にそのことを言ったら『お互い様でしょ』と先生に言われて、凍りついた」ということなど。「私も振り回してやりたい」という言葉が出るようになっていた。

またこの頃、これも心の相談員さんから聞いたことであるが、本人が家で妹を正座させ、お仕置きとしてびんたをすることがある、と話しているということであった。

(6) 女子会など（一一月頃のあき子さん）

一一月頃から、「女子会」と称して私の周りでべちゃくちゃしゃべるのが流行り始めた。休み時間に男子とよく将棋をしている私。その前に女子が私のところに来て集まり、おしゃべりが始まる。その中心があき子さんとゆき子さんと律子さんだった。男子の噂や悪口を言ったり（あき子さんは、例の「〇〇死ね」の子への悪口をここで言うようになった）、何か流行の服装のことを話したり、踊りが始まったり（なぜか「UFO」や「マル・マル・モリ・モリ！」など）していた。

おもしろクラブも、「誰かを馬鹿にするおもしろさではなく、自分たちがやって楽しいものを」という私の言葉で、AKB48の踊りをみんなに披露したりしていた。この頃は自分達でまとまってやれるようになってきていた。刹那的になったり、攻撃的な内容になるのは、みんなで協力できない裏返しでもあるな。そう思った。目標が達成できた時のお楽しみ会もこの頃は、班長会を中心に自分たちでできるようになってきていた。

あき子さんは、一二月のマラソン大会で四年生の女子で一位になっていた。「表情が以前と違う」という同僚の先の言葉がこの頃出ていた。

(7) その後の女子会と「けってやれ」（一二月以降のあき子さん）

おもしろクラブ（女子会）は、その後校庭のどこか秘密基地に集まってなにやらやり始めた。

あき子さんはその中心で、「今日の昼休み、おもしろクラブの人は、例のところに集まってください」と、朝の会で連絡をしていた。鬼ごっこをしたり、流行の服装の話をしたり、男子の悪口を言ったりしていたらしい。私（担任）の前でしなくなっていた。

また一二月のある日、音楽室に入るときFくんが「どけどけ、俺様が先だー」と言って走って入ったとき、あき子さんの背中にぶつかったことがあった。例によって憂鬱そうな顔をするあき子さん。言い返さないで、なにやら自分の中でためるときのあの表情が出ていた。まずい展開だなと私は思った。

そこでその後あき子さんに話した。

私　「Fに背中にぶつかられたでしょ。ねえ。Fをけってやれば」

あき子「え、いいの。やる！」

私　「先生がFを呼んで話しているから後ろからけって逃げてやれ」

あき子「わかった。無理だったら、まねだけでもいい？」

実際やってみたら、「ぎゃー」と言ってけるまねをした。（けれなかった。「やっぱり無理」後から本人がそう言っていた。けれないだろうことを本人も私も知っていた）しかし、これがヒットだった。けるまねだけで空振りして逃げた時、すごく楽そうなうれしそうな表情をした。これ以降、「けってやれ」が合言葉になった。

一月になり、りんご病になったり、熱が出て休んだり、「頭が痛い」と言って早退したりするときがあった。九月までの展開だと私は思い、翌日どうかなと思っていたら、出席し元気にしていた。「元気かい。何かあったらけってやれよ」と私が言うと、「もうけってるよう」とあき子さん。

男子と混じってドッジボールをしたり、大縄跳びの回す人になり、クラス対抗の大会に向けて仕切って練習を始めていた。こういうとき、以前なら一つ一つのトラブルによく落ち込んだり憂鬱そうな顔をしたりしていたのだが、この頃はそういう反応がなくなっていた。また、ボーイスカウトをこの頃すでにやめていた。「だって遊びたいもん」と本人。

まやさん、はる子さんと放課後遊ぶことがほとんどだった。しかし一二月頃から、クラスの他の子とよく遊ぶようになっていた。また、はる子さんが、何をするにも一緒にしないといやだそうで、それを強要されるのがいやになってきていることを、本人が私に話していた。「行き違いのようなもので悩まなくなった」と本人が言っていた。今まで欠席の時、実はこういう悩みがその都度あり、それで頭が痛くなっていたのかもしれないと私は思った。

(8) ボランティアと距離を取り、少年期の世界へ（一月以降のあき子さん）

東日本大震災の被災者のSさんと夏以降、ずっと交流していたが、一月以降も行った。秘密基地の女子会はその後も続いていて、律子さんと一緒にみんなに呼びかけていた。班長は、その後もずっと続けていた。そういえば、四月の終わりに立候補制になってから、一年間ずっとしてきた。よくしゃべるようになり、考えてから話すのではなく、「うおー、なんだーこれ」というしゃべり方になっていた。（ハードル走で足が合わないと「うわー、あれあれ」としゃべりながら走っていた）

クラスでは、男子とも遊ぶようになっていた。（ドッジボールはこの時始まったのではなく、一学期の最初の頃もよくしていた。この頃は、「あいつに初めてぶつけてやった」と遊びから戻ってきて私に言ったりしていた）

また、決して律子さんと言い合いをしなかったあき子さんだが、一月になってから大縄跳びのことで言い合いをしているところを私は見た。

(9) 二月、三月頃のあき子さん

二月中旬。あき子さんは、三日間休んだ。「頭が痛い」という理由で。それは九月以来だ。九月も四日連続で休んだことがあり、その時は金管バンドの部活でのことが大きく影響していた。今回もその疑いがあると私は思っていた。

翌週になり、母親と話すとやはり部活のことで重くなっていることがわかった。悩みが頭痛になってしまう。無理に部活をやらなくてもという方向で話し合い、部活をやめることにした。その次の日は、朝からニコニコしていた。その週は欠席もなく過ごした。大縄飛びでも回す人をしていた。二月に部活をやめて以来、三月終わりまで欠席は一日だった。

ボーイスカウトや部活をやめる、という結論を自分で出せるようになったんだと私は思った。

三月になっての班替え。あき子さんは二人のかっこいい男子がいる班になった。班遊び（「カワディー」というネーミングのおにごっこ）を毎日していた。イケメンの男子があき子さんをいっそう元気にした。

またこの頃、Fくんのあき子さんへの嫌がらせも増えていた。（Fくんも男子の中で、弱い者いじめの事件を起こし、二、三月はその実践もあった。Fくんは、あき子さんが好きなようだが、あき子さんはとても迷惑に感じている）

Fくんが「好きな子を教えろ」と言うようなことを女子に言いまくっている中、律子さんがかなり〝あねご的〟にがんばっていて、他の女子と一緒にFくんに抗議したりしていた。あき子さんへのFくんの嫌がらせにも、律子さんが一緒に文句を言っていた。あき子さんがFくんと言い合いになると、律子さんが現れてあき子さんの応援をしていた。

律子さんに見守られながら、あき子さんも自分で男子に言い返せるようになってきていた。律子さんをどう思うか、私はあき子さんに聞いてみた。

「わたしはあんなふうに、誰かのために怒ったり、相手に怒鳴っていったりできなかった。律子さんにちょっとあこがれた。でもこの間、まやちゃん（仲良しの子）が、男子になんか言われてた時、わたしも一緒に相手に言ってやったよ」

相手のために自分が怒るという律子さんの当事者性に応えようとして、あき子さんは、自分の怒りも出すことができるようになったのではないかと思う。

2　五年、六年の頃

(1) 五年生になって

私は三年生の担任になった。あき子さんは、若い女の先生のクラスになった。新学期は調子よく、ほとんど休みがない。放送委員会でお昼の放送をいきいきとしていた。Fくんと違うクラスになったこともいいようだ。

担任の先生は明るいが、厳しいようだ。ある男子のことでこの先生から私は相談されたことがあった。いつも正しく前向きでいないといけないオーラがその先生にあり、「(他の子のノートを取り自分の名前を書いたことを) その男子は素直に認められず、すれ違っているのではないか」と話した。あき子さんは、休むことができなくなっているのではないか、と思った。一〇月頃、その先生がある子の物かくしの件で弱っていた頃、あき子さんは風邪で四日ほど休んでいた。

あき子さんは、仙台のSさんにその後も手紙を送っているようだ。(「担任の先生の言葉に恐くてすくんだ」などの内容は、私はSさんからの返事で知った。Sさんからの返事をあき子さんは、いつも私に見せに来ていた)

（2）声が出ない？

一一月下旬、突然声が出なくなった。放送委員の仕事に来たとき、私はそれを知った。その翌々日から欠席が続き、その後三週間早退や遅刻、欠席を繰り返し冬休みとなった。（一日中出席はその間三日のみ）心療内科も再受診するようだ。母親と電話で一度話したが、「原因をいろいろ考えることが、またストレスになっている」と言っていた。友だちとのトラブルがきっかけではないか？　でもそれは解消した、と担任は言っていた。どうしていけばいいのか、と担任も思っているようだ。

ところが、明日から冬休みという一二月二一日、下校後、家についたらあき子さんは声が出たという。母親から学校に、その後連絡があったらしい。選択性の緘黙《かんもく》？　偽装？　彼女の本当の声はいまだ閉ざされているようだ。その声は複数あり、漂っているように思われる。

（3）「なりたい自分が自分」「自己は、構成する、演出するもの」

「なりたい自分が自分」というこの言葉（中西新太郎氏『前衛』二〇一二年一〇月号）にずっと私は引っかかっていた。自分は、構成できるということ。鈴木謙介氏（『ウェブ社会の思想』NHKブックス、二〇〇七年）によると、「仮想、虚像とは、実質上の、本質のという意味」があるらしい。「その時々の目的に応じて構成される、ある本質的な可能性」のことで、「バーチャル・リアリティとは、現実の在り方とは異なる、ある目的に従って構成された本質的な現実感」ということ。

また、浅野智彦氏（『若者とは誰か』河出ブックス、二〇一三年）は、「自己は、『自然で所与のもの』から『選択可能で自分で作り出すもの』へと変化」「自己は選択・構成・加工の対象へと設定し直す」ものになっているという。これが、現在の若者の傾向であるという。構成的自己。その傾向が強い少女、それがあき子さんだということが見えてきた。

さらに、鈴木謙介氏（『ウェブ社会のゆくえ』）によると、

「ソーシャルメディアに依存するということは、そこで自分について書きながら、他者との関係の中で自己イメージに対する承認を得るために、ソーシャルメディア上での一貫した自己というものを演出し、物語ろうとするための継続的な（そして嗜癖的な）努力なのだ」つまり、「他者に見られることを前提に自己について書くことで、他人から見られる自分を演出し、そのことで安定的な自己像を獲得しているのではないか」という。

自己は、自分で構成するだけでなく、見られることを考えて演出するものになっているという。そのことで安定的な自己像を結ぼうとすること。これが本当のソーシャルメディアへの依存なのだろう。

そして、あき子さんは、「構成的、演出的自己」のこの傾向が強いと思われる。

（4）六年生になって

あき子さんはその後六年生で五年の時と同じ女の先生が担任となった。私は四年生の担任。六年では、二学期に特に欠席が多くなり、私も含めて「ケース会議」をもっている。その中で担任から報告されたこと。

・五年生は結局、年間二一日の欠席。

・六年生は、五月の運動会頃までが七日、その後一〇月初旬まではほとんど休みで四〇日ぐらいの欠席。一〇月の修学旅行前からまた来はじめ、一一月の学習発表会前後も、そしてその後の一二月もほとんど欠席しなかった。（行事には合わせてくるところがあるらしい）

・六年の四月当初、同じクラスの男子とトラブルがあった。それが尾を引く。五月の運動会頃他の子も巻き込み、あき子さんを含む三人の女子と数人の男子との対立に。

・その男子たち、あるいはその中のある男子が、もの隠し（？）を続ける。三人の女子が何回かやられている。（これがなかなかなくならない。それがその女の担任の先生の最大の悩み）あき子さんもされている。他の二人の女子は平気な感じだが、あき子さんは気にしていて、欠席につながっているように見える。

・六月以降はほとんど欠席で、夏休みは、お母さんの実家の静岡で過ごすなど、気分転換になる取り組みもしたらしい。

・九月もほぼ欠席。両親と担任、校長も交えて話し合ったという。
・修学旅行前に来るようになった。その時は、車いすで登場。足がしびれているから、と言う。
・その後、マラソン大会の練習が始まり、その時は、松葉づえで登場。足が疲労骨折に近い状態だ、ということ。ちなみにあき子さんと対立している男子グループの一人もこのころ松葉づえになっていた。理由は、やはり、疲労だそうだ。

（5）ケース会議で明らかになったこと

四年時の豊田先生の対応を聞きたいということが、会議のメインだった。

適応過剰があり、「まあいいんじゃない」と受け流すことがいいとアドバイスしていたことを話す。
・四年時、ある子が何かをこぼした時、あき子さんはすぐ立って拭き始めた。「私こういう時、何かをしないではいられないから」と言っていた。自分はこうあらねばならない、こうありたいという傾向の強い子。
・「なりたい自分が自分」という傾向があると思う、と豊田。自分は構成できる、演出できると思っているのではないか。その自分とベタの日常の自分とのずれに対応できなくて休むのではないか、と豊田。
・その話に同意しつつ、実は携帯電話にかなり依存しているという実態が担任から報告された。

欠席の時もそう。特定の女子に、メールを送り続ける。ある子には、「〇〇ちゃんのここが好き。しぐさが好き。全部好き」のようなメールらしい。

また別の子には、あき子さん本人のことを延々と語り続けるメールを送るという。また、その日のその女子のことであき子さんが気に入った場面や気に言ったセリフを送るという。それらがストーカー的な感じがするらしく、メールを送られる当の女子は引くという。「気持ち悪くて。私、あき子さんとしゃべっているとき、自分の顔、笑ってないかもしれない。こわばっているかも」という話を、メールを送られる側の女子と担任は話したことがあるという。

・こうした様子から、構成できる・演出できる自分、相手という方向に周りを巻き込もうとしているのではないか、と豊田。携帯やパソコンの通信でなりたい自分を演出し、その物語を受け止め共に作り上げてくれる共依存的な相手を探し続けているという感じがする、と豊田。

また、そうした自己像とベタの日常の自分がずれるとき、あき子さんは生きづらくなるのではないか。そして欠席になるのではないか、と豊田。

「なりたい自分と日常の自分が違うときは、誰にでもあるよ。まあいいんじゃない、と受け流して時間が経つのを待とう。そうするとリセットされていて、またスタートできるよ」そのように話していこう、と担任と確認。担任はそう話したらしい。豊田も本人を呼び、同じ話をした。

また、携帯で友だちとやり取りすることをいろいろ本人から聞いた。相手によって語ることも変えているという。「そういうのがなんかずれちゃったとき、まあいいやってね。『ごめん、リセットしよう』っていえばいいじゃん」と豊田。「そうなんだ」と本人。どう響いたのかは、よくわからなかった。

それにしても豊田や担任がその話を本人としてから、本人の調子が良く、一一、一二月は欠席せず来ている。これも劇的な変化の一つだ。

(6)〝構成的・演出的自己〟という傾向の子かな?

四年時、「適応過剰」という目で私は本人を見ていた。「けってやれ」が、何かの呪縛を解いたようにも見えた。

しかし、携帯電話に浸る思春期のウェブ年代に本人が入ってくると、「なりたい自分が自分、物語り、演出する自分が自分」という傾向が強くなってきた。

『プログラム駆動症候群　心をもてない若者たち』(三森創著、新曜社、一九九八年)という本をかつて読んだことがあった。感情によって行動することがトラウマ体験などでなくなり、あたかもインプットされたプログラムに従ってそれに駆動されるように心が起動する、というものだった。今ここで言えば、「キャラクター駆動症候群」とでも呼べそうな感じ。自分で設定した自分のキャラクターがメタレベル(現実を越えて設定できる次元)であり、それに駆動されるように自分の行動がなされ、携帯やパソコンなどで、自分で設定したキャラクターに沿って自分が物語られ、演出される。これをどうとらえればいいのだろうか。またその時に本人に生じるベタな日常の自分とのずれをどうフォローしていくかというのも課題のような気がしている。

もう一つ。「声が出ない」「足が痛くて歩けない」などの症状が今までに本人に出た。これは果たして「偽装」だったのか。

唐突だが、フランスの思想家にドゥルーズという人がいる。フロイトが「抑圧があるから偽装がある」とある患者の症例から説明した命題を、ドゥルーズは逆に「偽装があるから抑圧がある」と言ったそうだ。その意味が、今少しわかるような気がする。抑圧という心理機制が偽装を生み出すのではなく、偽装したいという欲望はすでにそこにあるのだ、ということ。それを正当化するために抑圧が使われるのではないか。

あき子さんの場合も、「声が出ない」などが偽装だったとして、それはそもそもそうしたかったのではないか。そうすることで周りから大切にされる特別な雰囲気が生じることを快感として感じてしまったのかもしれない。

今、それが次のように変わったのかもしれない。本当の自分があり、それと違う自分を偽装して見せることで何かを感じさせようとすることから、装いたいように装うことが自分が生きているすべてだ、と。「本当の自分か偽った自分か」という問いそのものが抑圧されているようだ。

しかしそうじゃない自分も日常にはたくさんいるはずだ。その自分と折り合いがつかないと、この子は偏頭痛を起こし続けている。今、子どもたちはどのような生きづらさにとらわれ始めているのだろうか。

おわりに

あるとき、全生研常任委員の竹内常一先生と話していた時、「こういう子は、演劇なんかやったらいいんじゃない」とアドバイスをいただいた。これにはびっくりした。「どうしてわかったんですか」と私。そう、この子は小学校の高学年から市内の少年少女の劇団に入っていたのだ。そうか。「演出する自分が自分」でもいいのかもしれない。むしろ演劇の中でその自分と向き合うことが、この子を支えていたのかもしれない。

中学校では級長になり、級長会長にまでなったようだ。しかし、時々休んでいるという。あき子さんのいとこにあたる子をその後私は担任した。その子は、家族ぐるみであき子さんの家によく行き、よく遊ぶらしい。親戚とのかかわりは、強いようだ。

あき子さんは今後どうなっていくのか。できる限り見守っていきたいと私は思っている。

解説

「あるがままの自分」を励まし、「演出する自己」に寄りそう

齋藤　修

1　あき子について

あき子は一年生の頃から偏頭痛が続き、学校を休みがちな子どもだった。三年生になると夏休み明けから欠席が続いた。四年生になっても夏休み前後は欠席しがちだった。心療内科で入院して精密検査をしたが、外科的な問題は見つかっていない。

学校では、勉強がよくでき、班長にも進んで立候補し、学級のリーダーとして活躍するなど「よい子」として生活していた。金管バンド部やボーイスカウトにも入っている。友だちが困っていると、「私、何かしないといけないって思って、そのままでいられないから」と言う。

これらのことから周りの期待に応えようと精一杯生きようとしているあき子の姿が見えてくる。

あき子は家族や先生、友だちの期待に応えようと常に緊張し、「よい子」を演じ続け、生の感情を出せなくなってしまったのではないだろうか。疲れて演じきれなくなったときには、休むことでエネルギーを取り戻しているように思われる。

私たちがあき子のような子どもに出会ったときに、ややもするとリーダーとして大きな期待をかけ、生きづらさをより深刻化させてしまうかもしれない。

あき子は休むことで生きづらさを訴えることができたが、休むことさえできずに他人の眼の中で、「よい子」を演じ続けている子どもはたくさんいる。

2　あき子を支えた学級づくり

豊田さんは班の活動を大切にしながら学級づくりを進めている。班係制、班遊び、班のめあてづくり、班じまんなど班での話し合いや協力する活動をつくり出している。

さらに、学級内クラブによって、自分たちのやりたいことができる楽しさをつくり出し、子ども同士がつながる活動をしている。

あき子のような人とのかかわり方に課題を抱えた子どもにとって班やグループの活動は、人とのかかわり方を学び、自分と違う人との出会いをつくり出してくれる。また、子ども同士のつながりが深まるにつれて、そこは安心して生活できる居場所になっていく。

さらに、トラブルがあったとき、班遊びや班で取り組むときなどは話し合いを通して、物事の決め方や折り合いのつけ方、ルールの作り方など人とのかかわり方を学ぶことができる。あき子はこうした学級に支えられながら自分の課題に向き合っていったのである。

3　あき子の「あるがままの自分」を支える

あき子は夏休みが明けると九日間欠席する。「起立性調節障害」と仮の診断が出されたが薬は効かなかった。

ここで豊田さんはあき子の課題を「外科的な問題ではなく、適応過剰や妄想があり、脳を常に興奮させ続けているのではないか、そのために偏頭痛になるのではないか」と考えた。そして、中学生の時に偏頭痛がひどかったこと、泥のように眠っていたことなど自分が体験したことが、今のあき子の姿に重なっていたことを母親に話し、「あき子は潔癖性で、きちんとできていないと自分でいらいらしてしまうのではないか」とあき子の生きづらさの背景について話していく。

「欠席をどう減らしていくか」「どんな治療をするか」ではなく、「なぜ休まなければならないのか」「どんなことに苦しんでいるのか」とあき子の生きづらさに誠実に向き合っている豊田さんの話に、母親は信頼感を深めていったと思われる。だからこそ、これまで続けてきた心療内科も、外科に通うことも、そしてはり治療もやめ、あき子の課題に正面からかかわっていくようになったのである。

豊田さんはあき子にも「まあ、いいんじゃないかと自分のことを思う。少しは悪いことを考えるよ。そんな自分もありと思っていいよ」と話していく。すると、「うん、もうお母さんから聞いてるよ」と答えるあき子の声が変わっていたという。ストレスがかかっていない、自分のまなざしがかかっていない、内側から搾り出すようでない、軽やかな声だったという。

あき子はこれまでの「よい子」の殻を破り、自分らしい生き方を求め始めたのである。

あき子の中に抑圧されていた「あるがままの自分」が表れてきたのである。欠席も三カ月で三日と劇的に減っていった。表情も明るくなり、明らかな変化が生まれてきた。

豊田さんの言葉は「魔法の言葉」ではなく、あき子に寄り添い、あき子が抱えた課題に誠実に向き合うことから生まれた言葉である。

4 揺れるあき子を支える

一一月頃になるとあき子の「死ねばいい。殺せるし」など攻撃的な言葉は周囲の大人を驚かした。

豊田さんはあき子の変化に驚きながらも、この変化を成長と分析し、母親に「これはいいことです。今まで否認していた自分の中にある攻撃性を自分で認め、吐き出し始めたのではないでしょうか。攻撃性を抑えるのではなく出していい」と話していく。この言葉に母親はどれほど安心したことだろう。

豊田さんはあき子が攻撃性を出すことで、抑圧されてきた「あるがままの自分」を表現し始めたと分析し、攻撃性を押さえ込むのではなく安心して表現させていこうとしたのである。豊田さんのこの分析は、子どもの発達をみる目の確かさと豊かさを感じさせる。

その後、あき子は豊田さんに支えられながら、自分の思いを閉じ込めるのではなく、安心して出せるようになっていった。Fが背中にぶつかってきたときに豊田さんは、「Fに背中にぶつかられたでしょ。ねえ。Fをけってやれば」と、あき子をさらに一歩踏み出させる。あき子はFの後ろからけるまねをし、逃げながらすごく楽そうな表情になっていった。

その後、「けってやれ」が合い言葉になっていくなど、あき子は豊田さんにしっかりと支えられ、励まされながら、安心して「あるがままの自分」を発揮できるようになっていくのである。

三学期になるとあき子は男子に混じってドッジボールをしたり、大縄跳びのクラス対抗の大会に向けて友だちと一緒に練習したりするなど、少年期の発達エネルギーを豊かに発揮できるようになっていく。さらに、思ったことを言葉にできるようになり、ずっと自分を支えてくれた律子とも言い合いができるようになっていった。その後も、部活やボーイスカウトも自分でやめるという結論を出すなど自立のちからを着実に育んでいった。

このようなあき子の成長を一緒に生活してきた子どもたち、特に律子やまや、はる子はどのように見ていたのだろうか。あき子とどのような対話をしながら彼女を支え、励ましていったのだろうか。また、豊田さんが彼らにどのような言葉をかけていったのか、さらに知りたいところである。

5　その後のあき子を支え続ける

五年生になり、担任が替わり大きな支えを失ったあき子は再び揺れ始める。一一月までほとんど欠席することなく、放送委員会でいきいきと活動していたが、一一月下旬に突然声が出なくなる。欠席も増えていった。

六年生になると欠席はさらに増えていく。豊田さんはあき子の生きづらさを「構成できる・演出できる自分、相手という方向に周りを巻き込もうとしているのではないか」と分析する。思春期を迎えるにつれて「演出しようとしている自分」と「あるがままの自分」がより拡大し、生きづらさはより深刻化していったのではないだろうか。

しかし、「なりたい自分と日常の自分が違うときは、誰にでもあるよ。まあいいじゃない、と受け流して時間が経つのを待とう。そうするとリセットされていて、またスタートできるよ」と励まし、見守り続ける豊田さんとの信頼関係は、あき子に自立に向けた新たな一歩を踏み出すちからを育てていくだろう。また、「演出しようとする自分」に苦しむのではなく、「演出を楽しむ演劇」はあき子の世界を広げていくと思われる。

V

豊かな活動とリーダーの指導から始める集団づくり

実践　志方 正樹
解説　佐藤 晋也

実践記録

「みんなで伸びる、みんなと伸びる」集団を目指して

志方 正樹

はじめに

勤務校は四〇年ほど前から大規模に開発された住宅地にある。高学歴・高所得者層が多く、多くの子どもたちは複数の習い事を「させられて」いる。地域のつながりは薄く、子どもたち同士のつながりも薄い。校長から担任を任された五年生のクラスは、男子二三名、女子一五名の計三八名。生活面のしんどさを抱える子や、課題、背景を抱える子が一定数いる。

中でも、辰夫は、父（単身赴任）、母、本人、弟（六才）の四人家族。三年生時は仲間への暴力、四年生時は仲間や教師への暴言でクラスをかき回していた校内の「有名人」。学力は人並みであるが、自己肯定感が低く、主観的なものの見方が多く、他者の気持ちを汲み取れない。年齢不相

応に大声で泣き喚く。パニック時、「優しく寄り添う」と、泣き喚きはエスカレートする。記憶の時系列、真偽が支離滅裂になる傾向がある。

順は前の年の夏（四年生時）に、突然、父を亡くした。以後、不登校となる。中学生の兄も、ほぼ同時期から不登校である。

こうした集団の中で、取り組みや対話を通して、課題に向き合える子、仲間の課題に寄り添える集団、そして集団を引っ張っていけるリーダーを育て、自治に向かってクラスが「みんなで伸びる、みんなと伸びる」ことを目指した実践である。

1　新年度の一カ月

新年度がスタートした。クラスのことを決めていく一環で、班の形のまま学習を行うこと、日直や当番、そうじなどを班で行うことを決める。多くの子は、お互い助け合ったり、おしゃべりしたりと楽しそうである。反面、辰夫は周りとのかかわりが増えたためか、トラブルが絶えない。何度目かの時、「教室にいたくない」と言い張る。見えるところにいることを条件に、外にいることを了承する。教室では、辰夫についての話し合い。一〇分ほどすると、辰夫は中をちらちらと見始めるようになる。話し合いが終わり、辰夫は自分から教室に戻ってくる。

「今日は立ち直るのに三五分かかったなあ。次の目標は何分にする？」

辰夫「一〇分」

前の黒板の隅に、二人だけに分かる暗号として、「10」と小さく書いた。

次の日も授業中に別のトラブルが起こる。辰夫は今回は出ていこうとせず、机に伏せていた。そのまま授業を続ける。二〇分後、一人で立ち直って、授業に参加してきた。

「今日は二〇分やったな。一五分も短くなったやん！　次の目標は？」

辰夫「一〇分」

これを機に、辰夫のパニックは減り、固まることもなくなった。

五月上旬の家庭訪問。辰夫の母からは、苦悩が語られた。「トラブルになっても、仲間とかかわれるようになってほしい」という願いを聞き、家庭訪問を終えた。

2　学級内クラブ立ち上げと、自分の非を認められた辰夫

六月。この頃になると、辰夫は授業中に同じ班の海に分からないところを教えるなどの姿が見られるようになってきた。学年のキャンプの取り組みでは、リーダーに立候補。反面、一緒に過ごすことができる仲間がなかなか見つからず、休み時間などは居場所を求めてうろうろしている。

そんなタイミングで、学級内クラブを班長会に提案した。班長会では全員が賛成。辰夫については「今の辰夫は勝手なところも減ってるし、ちゃんと口で言いたいこと言ってくれるし、みん

なも辰夫に言いたいこと言えるようになってるから、大丈夫やと思うで」と、泰が辰夫を気にかける発言をした。クラブ決めの時、辰夫はしばらくウロウロしていたが、泰や健、寅がそれを見かけ、声をかけて「トランプクラブ」に入った。その後、「役者クラブ」にも辰夫が自分から声をかけて、入った。

二週間後、席が隣の健の腕を辰夫がつねり続けていたことが発覚する。健の腕はあざになっている。辰夫の言葉を借りれば、健は辰夫にとって「クラスで一番くらいにオレに優しい、いい奴」。話を聞く中で、「仲間を大切にしなかったこと、嫌がっていたのにやり続けたこと」が悪かったと認めた辰夫。「仲間」という言葉が出てきたことから、仲間を意識するようになったことを評価する。そして、「さあ、どうする？」と問いかける。

辰夫は「健に謝る」。初めて、「自分の言い分」より謝ることを優先できた。

3　一学期まとめの会――学級内クラブフェスティバル

七月、一学期まとめの会をどうするかの班長会。私からは「学級内クラブフェスティバル」を提案した。

ヒナコ「今までのお楽しみ会は班での出し物はやったことあるけど、何で学級内クラブ？」

私「確かに、それぞれの班で出し物を決めてやってもいいけど、自分がやりたいと思っていること違うことになることない？」

大「あるある！　でな、ちょっと違うことしてると怒られるねん」

私「学級内クラブって、みんながやりたいことで分かれて集まってるやん。みんなが楽しめることも考えやすくて、頑張りやすいんちゃう？　お客さん側も、仲間の新しい一面が見られるんちゃうかなと思って。一学期まとめの会なんやから、みんなが楽しかった！　二学期も頑張ろう！　って思える会にしたいねん」

大「それいい！　やろやろ！」

私「みんなもそれでええか？　じゃあ、一つだけ班長の仕事言うで。準備や本番で普段よりも頑張ってる人を見つけてほしいねん。最後に総括するから、その時に発表してや！」

辰夫は「トランプクラブ」で出店した。「スピード」のコーナーを張り切って仕切っていた。会が終わっての総括では、大から「辰夫がよく仕切っていた」。辰夫からは「『笑ってはいけないクラブ』（年末のテレビ番組のように笑わせ役がいて、座禅を組んでいるものが笑うと警策を受ける遊び）の座禅が一番おもしろかった」といった発言があった。みんなが大満足のまとめの会だった。

4　二学期はじめの出来事

八月の最終週から二学期がスタートした。はじまってからの一カ月はキャンプ、運動会と、特に子どもたちにとって関心度が高い行事が多い。その場に学校に来られていない順も参加し、クラス・学年の仲間との楽しい思い出を作ることはできないか、というのが私の最大の関心であった。

まずは、クラスで学期目標づくりについて話し合った。班会議を経て子どもたちから出された意見の多くに、「仲間」というフレーズがあった。

「仲間っていう言葉がいっぱい出てきたなあ。じゃあ、仲間って何やろ？」

そんな問いに、子どもたちからは「友だちとはちょっとニュアンスが違う…」、「同じ目標に向かって頑張る人たち」、「一緒に活動する人」などの意見が出された。

「じゃあ、みんなの意見をまとめると、5―3の仲間って言ったら、5―3のみんなっていうことかな？　いっぱい活動しているし、目標もみんなで立ててるし」子どもたちはうなずく。

「つまり、今この場にいない人も仲間やんな」と言ったところで、力が口を挟んできた。

力　「なんで順ってずっと休んでるん？」

小松　「それ言うなや！　順もいろいろあって…」

それまでにぎやかだったクラスが静まる。

「今のやり取り、聞いててうれしかったわ。力は休んでる順のことを気にしてるし、小松は順の休んでる理由を想像してかばってるし。ということは、順も5―3の…」

子どもたち「仲間！」

「ありがとう。でな、順の休んでる理由やけど、みんなに『なんで？』って聞かれたら、『分からん』としか言えへんねん。順の口から直接聞いてないから。もちろん、いろいろと想像はするけどな。その想像したことをみんなに伝えて、もしその想像が当たってたとしても、順がそれを聞いたらどう思うやろ。みんなも他の人に触れられたくない部分ってない？」

子どもたちは、ある、あるといった表情をしている。

「でも、仲間のことを想って『なんでなんやろ？』って考えるのは、大切やと思うで。考えたら、その人を想った行動ができるし。例えば順の場合でも、みんなが『仲間』ってとらえていると、来られた時の喜びはみんなの喜びになるで。だから、順だけでなく、困っている人はいないかという視点をみんなが持てたら、きっともっともっと楽しいクラスになっていくんとちゃうかな？」

その後の学級総会では、『仲間と共にいろんなことに挑戦して、「5―3最高！」と思える二学期にしよう！』という学期目標を子どもたちと立てた。この目標を意識しての最初の取り組みは、キャンプのスタンツ（出し物）である。そのスタンツリーダーに、順とのかかわりが深い大吾が立候補してきた。そしてリーダーたちと「やっているみんなが楽しめて、見ている人も楽しめるスタンツを創りあげよう！」という目標、物語のパロディ劇をキャンプの活動班（四班）で行うことをクラスに提案した。

その頃、子どもたちは水泳の練習などでみんな「真っ黒」に日焼けしていた。そんな中、一人

「真っ白」なままの泰。おそらく、ずっと塾の夏期講習で缶詰だったのだろう。最初の算数のテストで、いつも一〇〇点の泰が、珍しく三問ミスしていた。そのテスト返しの時、答えを書き直し、泰が「何が違うんですか？」とテストを持ってきた。二人で話をすると、泣きながら答えを書き直したことを認める泰。「夏休みも塾に行って勉強してたのに、間違えたのが許せなかった」らしい。

「お前がいろいろと家の期待背負ってるのは知ってるで。いろいろやりたいことを我慢もしてるんやろ。でもな、間違えた自分と、それをごまかす自分、どっちがほんまの自分なんや？　少なくともこのクラスの仲間は、そんな見栄張らんでも、みんなお前のこと認めてんで。それでも、家に帰って責められたりしてつらい思いするんやったら、テスト一〇〇点にしたる。どうする？」

泰「このままでいいです」

それまでは、過剰適応気味に「先生に認められよう」としていた泰の目線が、このことをきっかけに仲間に向きだす。休み時間も外で遊ぶことが増えた。

同じ時期、幼少期からI型糖尿病を患っているサツキが、サラやリオを連れ立って、よく話しかけに来た。同じ病気の仲間とキャンプに行ったことを詳細に教えてくれる。今度、そのキャンプの様子がテレビ番組で取り上げられるらしい。放映日の翌日、「どうだった？」と感想を聞きに来たのもそこそこに、今度は「クラスのみんなにも見てほしいから、ＤＶＤ持ってくる」と言い始めた。

「見るのはええけど、何でなん？」

サツキ「番組の中で○○ちゃん（四年生の子）は教室で測定とかしてたやん。うちもそれがしたいねん。そしたら給食当番とかもできるし」

「給食当番」という言葉で、一学期の始めのことを思い出した。血糖値の測定やインシュリン注射があるために、給食当番がやりにくい（参加できない）という相談だった。体のことでもあり、命にかかわることでもあるので、無理にやる必要はないことを伝え、クラスでも当番免除が了承されていた。

「誰かになんか言われたん？」

サツキ「違う」

「じゃあ、なんで？　安全とか衛生面とかの関係で保健室でやってるんちゃうの？」

サツキ「それもあるけど、一番は測定とか注射をみんなに見られるのが嫌やったから。でも今は大丈夫。前は保健室にもコソコソ一人で行ってたけど、今は友だちについてきてもらってるし。それよりも、今はみんなと同じことがしたい！」

放課後、サツキの母とも相談した上で、クラスでＤＶＤを見ること、約束事を決めた上で注射を教室でやることを保健の先生とも合意する。

翌日、子どもたちは盛り上がりながらもいつになく真剣にＤＶＤを鑑賞していた。番組が終了すると、サツキがサララ、リオを連れ立って前に出てくる。

サツキ「今まではずっと保健室で測定と注射をしてたけど、給食当番とか、みんなと同じことをするために、これからは教室でやりたいです。いいですか？」

仲間の返事は「はい」の二文字であった。そして、「給食準備の時間中は危ないから当番以外は立ち歩かないでおこう」ということを、改めて決めた。

5　順も一緒にキャンプへ！

九月初め、プールも終わりに近づき、スタンツの取り組みが本格化してくる。順の母からは、「プールが終わったら行こうかなあと言っています」という話を聞いていた。キャンプを翌週末に控えた金曜、大吾に順の様子を聞いてみた。

「大吾、ちょっとええか。最近、順どないや？」

大吾「夏休みに一緒に（申し込んだ）キャンプに行ったで。楽しそうにしてたけど、突然表情が変わって『帰りたい』って言った瞬間があった。その後すぐにまた楽しそうにはしてたけど」

「帰りたい」と言った時の気持ちを大吾に想像させてみたが、よく分からないとのこと。母親のことが頭をよぎったのかとも思ったが、そのまま話を続けた。

「キャンプ来られるかなあ」

大吾「それは、来ると思うで。順も『キャンプ行きたい』って言ってたし」

「そうか。それやったらそろそろ来るかなあ。なんか順が引っかかってそうなことってある？」

大吾「う〜ん（しばらく考えて）…」

「なんか周りのことを気にしてそうな気がすんねん。例えば、登校する時のことどうやろ？あっち方面、あんまり学年の友だちおらへんやん？」

大吾「そうか！　じゃあ俺が迎えに行って一緒に来る！　電話してみるわ」

「ありがとう！　助かるわ。よろしく！」

日曜の夜、順の家に探りの電話を入れてみた。そうすると、大吾から電話があり、二人で待ち合わせ場所などを相談して決めたとのことだった。

そして、月曜の朝…大吾がしょんぼり一人で登校してきた。

大吾「先生、あかんかったわ。玄関まで迎えに行ってんけど、順が固まって…」

「そうか。でも、玄関で会えたんやんな？　学校に行く準備して友だちと会うって、順にしたら大きな一歩とちがうかな。これも大吾が行ってくれたからやわ。ありがとう！」

母からも連絡があり、声から落ち込んでいる様子がうかがえる。専科の授業の空き時間に家庭訪問をした。順は出てこない。キャンプ用の軍手を持って行き、名前書きを母づてに頼んだ。そして、スタンツの劇の台本も渡した。

「今日は順にとって大きな一歩やで。自分で考えて、玄関で大吾と会うところまでいけたんや。落ち込むことないで。明日はどうする？　朝に大吾と一緒に来てもいいし、午後から運動会の練習だけしにきてもいい。なんやったら、給食食べるだけでも、昼休みに友だちと遊ぶだけでもいいいで。考えといて」そう、ドア越しに順に伝え、キャンプ用の米と軍手（名前を書いていた！）を受け取り、家庭訪問を終えた。クラスには、米を預かってきたことと、軍手の名前を順が書いたことを伝えた。「おーっ！」と歓声が上がった。

火曜、「昼から行くと言っている」と母から連絡を受けた。昼休み、管理職の許可を得て、大吾と一緒に車で順を迎えに行った。が、順は出てくることができなかった。

キャンプ前日となる水曜、早々に欠席の連絡を受けた。クラスでも順のことを気にする子は多い。力などは「明日、順、来るかな。前電話した時は、行くでって言っててんけど」と、心配して電話したことも教えてくれた。放課後、キャンプ前最後の家庭訪問。リビングに通されると…順がいた！

「おーっ順！　久しぶり！　顔が見られて涙が出そうなくらいうれしいわ！　一緒に話する？」

順「うん」

「じゃあ、明日のイメージ作ろか。一応、二時間目の後に出発やねん。それまでは、クラスでスタンツの練習してるわ。朝から来て、一緒に練習してもいいし、二時間目の後でもいいし、なんなら、バス乗り場で合流してもいい。もしあれやったら、お母さんに送ってもらわなあかんけど、現地でカレー作りから参加してもいいし、キャンプファイアーからでもいいし、テントで寝る直前でもいいし。いろんな選択肢あるけど、今はどうしたいって考えてる？」

順「朝から行きたいと思ってる。スタンツの練習もしたいし。最悪でも、みんなとバスで一緒に行きたい」

「そうか。じゃあ、そうしたいと思ってるけど、不安なことはなんや？」

順「あまりよく知らない人に『なんで休んでたん？』って言われるかもしれないこと」

「こればっかりは『絶対に言わせない』とは言い切れへんわ。5―3の子は絶対言わへんと思うけどな」

順「それはわかる」

「でもな、我慢ばっかりせえって言ってるわけとちゃうで。そういう時こそ、仲間を頼ったらええねん。順を守ってくれそうな仲間って、ぱっと思い浮かばへんか？」

順「大吾。…そして、力もかな」

「俺もおるがな…（笑）。じゃあ、明日は学校におる間、その二人と一緒に行動するのはどうや？　俺からも頼んどくし」

順「それやったら大丈夫かも」

結局、少し時間をずらして登校し、校門で大吾と力、そして私の三人で出迎え、教室まで一緒に行くことになった。

そして、木曜の当日。他の子が登校し終え、大吾、力と一緒に校門で待つ。母から連絡が入り、行き渋っているとのこと。順に電話を代わってもらう。

「順、どないや？　焦らんでええで。まだ次の時間もあるしな。今、大吾と力がおんねんけど、話す？」

順「うん」

大吾と力が交互に話す。

「順、どうするって？」

大吾「次の休み時間に来るって」

「順、そしたらまた、休み時間に待ってるわ」

順「分かった」

そして、次の休み時間…母と一緒に、ついに順が登校してきた。大吾がかけた第一声は「おう！」。力は少し戸惑いながらも、「荷物持ったるわ」と声をかける。三階の教室に行く途中の階段で、小松に出会う。

「もう授業始まってんのに、なんでこんなとこにおんねん！」

小松「いや、ちょっとトイレ…あっ！　じゅ、じゅ、順！　お〜い、みんな、順が来たぞ！」

行くはずだったトイレにも行かず、小松が階段を駆け上がる。賑やかだった教室が、さらに賑やかになる。「おう、順！　久しぶり！」といった声が飛び交う。一応、「順が来てもいつも通りにしてよな」という話はしていたのだが…。順も「おう」と少し照れくさそうに、でもまんざらでもない感じで応じている。

その時間のスタンツの練習は、それまでで最も盛り上がった。そして、シンデレラの悪い姉役の順の「ふん、あんたなんか掃除がお似合いよ」というセリフが大爆笑を誘っていた。
キャンプの間中、それまで休んでいたのが嘘のように、順は仲間と一緒に活動を楽しんでいた。
キャンプから帰った後も、疲れているはずなのに大吾、そして小松と一緒に遊んだらしい。スタンツの取り組みの総括でも、「順のあのセリフが最高にきまっていた！」という評価が一番に出てきた。仲間との様子を見ていても、「これなら、これからも大丈夫かも…」と思ったのであるが…。その後、五年生の間に彼が登校することはなかった。

6　第二期学級内クラブ「ＧＮＫ38」始動！

一〇月始めの班長会。気になる子について意見を出し合った。

寅　「辰夫やねんけど、やっぱりまだクラスの輪に入れていない時があるように感じる」

サツキ「辰夫は最近落ち着いてきてるで。ぼそっと『死ね』とか言うこともなくなったし」

気になる子たちを考えた時、どんな取り組みを入れるのがいいか聞いたところ、ほとんどの子の答えは一学期にやっていた学級内クラブの復活であった。

私　「せっかくやるんやったら、新しく作らへん？　中身もバージョンアップさせて。気になる子らが活躍できそうなクラブを作るとか」

寅　「辰夫は星が好きやから、星クラブなんかいいと思う」
泰　「じゃあ、それ、俺も入る」
こうして、「仲間のいいところを見つけよう」という目標を加えた、新たな学級内クラブ＝GNK38（GNKは「Gakkyuu　Nai　Kurabu」の略）が始まった。辰夫は、星クラブで張り切っていろいろな星座のことを仲間に教えていた。

7　辰夫の母の信頼を得る

一一月、音楽会に向けてクラスで取り組む。辰夫は音楽会の実行委員となった。取り組みの最中、辰夫のトラブルが増える。ある日、同じ班のサツキが顔を真っ赤にして訴えてきた。

「辰夫に『糖尿病野郎』って言われた」

辰夫は、サツキへの発言についてはすぐに認めたものの、その発言のきっかけとなり、仲間から責められる原因となった、同じ班の支援学級在籍のリカコが転んだことを笑ったことについては、否定した。発言自体は謝罪したため、他のメンバーは帰し、辰夫と話す。

「なんで、『糖尿病』なんて言ったんや？」

辰夫　「（リカコが転んだことは）俺が笑ってもないし、バカって言ってもいないのに、言ったって決めつけられたからです。俺は『大丈夫？』って言っただけです」

「なんでみんなは、あそこまで怒ってたんやろう?」

辰夫「聞き間違えたんだと思います」

「〝バカ〟と〝大丈夫〟って言葉が全然違うけど、五人も六人も同じように聞き間違えるやろか?」

辰夫「笑いました。バカって言いました。言った後、しまったって思ったけど、みんなに責められて。カッとなって言ってしまいました(泣きながら)」

「偉い、ちゃんと認められたな。月曜に、もう一回そのことを班のみんなに謝ろな」

そう言って辰夫を帰し、母に連絡をする。しかし、辰夫が家で言っていたことは、「糖尿病」の発言以外、真逆であった。

週明けの月曜、辰夫は学校を休んだ。家庭訪問をする。「もう、何が本当で何が違うのか、分からなくなってきました」こう言って母が話し始める。どうもサツキにいじめられると言っているようだ。

「サツキは班長会でよく辰夫を気にかける発言をしていますよ。はっきり物を言う子なので、班会議などで意見が食い違うことは考えられます。辰夫の見方は、その辺から来ているかもしれませんね。『何が本当で、何が違うか』ということをすべて把握するのは難しいですが、間違いなく言えることは、『辰夫も傷つき、困っている』ということやと思います。一緒にどうしていったらいいか、考えさせてもらえませんか?」

こんな話をし、家庭訪問を終える。翌日から、辰夫は一見普通に登校し始める。

しかし、二日後、今度はマッチを隠し持ってきて、校内の人気のない場所で火をつけては消し、マッチ棒をその場に放置するというマッチ事件を起こす。辰夫本人が「こんなところにマッチが落ちていた」と通りかかった教師に伝えたことから事象が発覚。マッチの落ちていた場所がすべて辰夫の動線上にあり、辰夫の体操服袋からマッチが見つかったことから、辰夫の自作自演であることが分かった。放課後、母に学校に来てもらう。

「今回のことは『構ってほしい』というメッセージ性を強く感じるし、そのことを心配しています」

母「辰夫の発達相談、一緒に来てもらえませんか？」

後日、母と共に市の教育センターを訪問し、相談員を交えてこれからについて話し合った。そして、起こるであろうトラブルを通して、辰夫自身が自分の「取扱説明書」を作っていく方針を確認した。

8　二学期まとめの会

二学期まとめの会を話し合った班長会。

「最近、辰夫どうや？」

サツキ「うっとおしい。機嫌悪そうにしてること多いし、ぶつぶつ文句言うし、目の前でこけたりするし」

剛「あれはわざとやで。だってこけ方わざとらしいし、無視して横通ると『みんな冷たいなあ』って言ってるし」

サキ「構ってほしいんとちゃう？　なんか寂しいんとちゃうかな」

私「辰夫って一人でおること多いん？」

健「泰は結構一緒にいてるなあ」

拓「この前、泰が休んでた時、『ああ泰が休みやったら、俺一人や』って言ってたで」

私「辰夫とみんなは、なんとなくうまくいってなさそうやけど、なんで泰は大丈夫なんやろ？」

海「いっつも話聞いたってるで。休み時間も一緒になんかやってるし、こけた時も声かけしてる」

話はまとめの会をどうするかに移っていく。

私「辰夫は大丈夫？」

チアキ「泰が星クラブで一緒にクイズ出すって」

私「ところで二学期のクラス目標覚えてる？」

全員「『5―3最高！　って思える二学期にしよう』」

私「大切なんは目標やで」

こう呼びかけると、「『やっぱ5―3最高！』は入れよう！」「協力も大切やな」「『普段あまり話さなかったり遊ばなかったりする人とも積極的に触れ合おう』って入れよう」などの意見が交わされる。

クリスマス会、辰夫は泰と一緒に星座クイズ、プレゼント用の星座模型をつくっている。また、自分たちの世界でのおしゃべりが目的で「本こわ、ウソこわ」クラブを作っていた、ユウたちの私的グループである「キャピ×２隊」の活動にヒナコやサツキなどリーダー的な子が参加していたり、リカコにかかわろうとする子が主に集まっている「イベントクラブ」にサツキやリカといった別のグループの子が入っていたりと、女子の私的グループを越えた活動が見られた。

班での出し物をしたまとめの会では、辰夫の班の出し物はマジック。準備の時間には、辰夫が、困っているリカコに積極的に話しかけたり、反対にリカコが辰夫にかかわっていったりする場面がよく見られた。

9　自分で暴走を止められた辰夫

二月半ば、専科の授業後、教室へ行くと、「今のは辰夫が悪いわ」という声が聞こえる。不満そうな顔をしている辰夫。些細なトラブルだが、キレた辰夫をみんなで止めたところだった。

「この前なんかな、辰夫がカッターナイフをちらつかせてん。みんなで誤解を解いたら辰夫も落ちついてんけどな」

ギョッとすることを大が言い出した。辰夫もそれらを認める。自分たちで辰夫を止め、辰夫もそれに応じたことにとても驚いた。

「もちろん、辰夫はあかんことしてる。でも、そのことを注意するだけで、こういったことはなくなるやろか？」

この問いかけに、「なくならない」「辰夫も不満があると思う」「休み時間に寂しそうにしている」「みんなも態度がよそよそしい」「前から寄っていくとトラブルになるし、今もそう」といった声が返ってくる。そんな中、泰が口を開いた。

「辰夫は今年、頑張ってるで！　音楽会でも実行委員やったりしたし」

「そういえば、意見もよく言うようになった」と小松が続く。それに続く意見がどんどん出てくる。最後は、「辰夫もいいところをいっぱい持っている。過去の見方にとらわれるのはやめよう」という結論をクラスで出した。

話し合い後、黙って聞いていた辰夫と話す。

「話し合い、どう思った？」

辰夫「うれしかった。俺のことを思ってくれてる」

「みんなはいつも辰夫のこと考えてんで。それとな、暴力や脅しは絶対にあかん！　それでも、自分で自分を止められたのはえらい！」

辰夫は黙ってうなずく。放課後、辰夫の母にそのことを伝えた。

「実は、私もそのことを伝えたかったんです。カッターナイフのこと、その日に辰夫が自分から言ってきました。サツキちゃんに止めてもらって、ハッと気がついたと言っていました。今までで初めてです、自分からしたことを言ったのは。三学期になってからは、いらいらを持ち帰らないことが増えました」

こんなことを語ってくれた。

おわりに

翌年、クラス替えがあったが、辰夫も順も持ち上がることとなった。辰夫を巡っては、やはり数多くの出来事が起こった。そして、クラス替えを経た新たな集団で、「みんなが楽しいクラスにしていこう」といろいろと取り組んだ一年であった。順は五年生の時、キャンプが最後の登校となってしまった。しかし、六年生では、卒業式をはじめ、要所要所の行事やその準備の時には登校することができた。

私自身の中では、二年続いた実践である。しかし、本実践記録で書いた一年目があったからこそ、二年目につながったのではないかと、今改めて感じている。

【付記】順の不登校とその後

本実践記録は、二〇一四年の全生研新潟大会で発表したものを再編集したものである。その後、竹内常一先生より著書『子どもの自分くずしと自分つくり』(東京大学出版会)を贈られ、「順の不登校とその後」を追記するよう求められた。頂いた本を読み進めるにつれ、不登校の子にかかわる実践という意味では足りない部分があることに気づき、順に絞った実践を追記することにした。

担任することになった時、順に関する情報は冒頭に書いた程度のことであった。最初の一カ月はほぼ休まず登校する。しかし、GWを明けた頃から休みが増え始め、六月頃からはまったく登校することができなくなる。休みが増え始めたあたりから、大吾(低学年の時に、母を病気で亡くしている)がよく連絡を取ってくれたり、遊びに行ったり、迎えに行ってくれるようになる。私も頻繁に家庭に連絡を取ったり、家庭訪問を繰り返したりしたが、順が出てくることはなかった。

夏休み明けのキャンプの場面は、初めて訪れた「チャンス」であった。順の方から「キャンプに行きたい」と言い出してくれたのだから。だからこそ出来た取り組みであった。取り組みの中で、大吾と共に力(両親は離婚しているが、父は外国籍)が「友だち」としてよくかかわってくれた。キャンプこそ来ることができたものの、順はその後、五年生の間、まったく登校することができなかった。放課後や休日に時々遊びに訪れた大吾や力も遠ざけるようになった。当然、私も本人から拒絶された。電話にも、家庭訪問をしても出てきてくれない。

逆にその間、母とはよく話した。同じく不登校でもある兄も、よく出てきて本人の気持ちを代弁してくれた。母が繰り返していたのは、「順は学校に行きたいとよく言っている」ということ、父の生前の話であった。兄は「行きたくても行けない。今はそっとしておいてやってほしい。そのうち自分で行くようになると思う」と語った。当時、兄も担任を拒絶していた。

以上が、五年生時における順の状況である。四月当初、私には「不登校の順がクラスにいる。気をつけて見ていかなければならない」という認識はあったが、それ以上に順を分析しなければという意識はなかったように思う。今思えば、順の四月は「強迫的登校」であったのだろう。GWを明けた頃から、「自分くずし」と「自分つくり」が始まったのであろう。もちろん、当時の私には「自分くずしと自分つくり」の概念はなかった。ただ、「この状況をなんとかしなければ」と考えていた。そのため、順の方から「行きたい」と言ってきたキャンプの取り組みは、絶好の「チャンス」と捉えた。そして、キャンプに順は来た。そのこと自体は良かったと思っている。

しかし、私が見誤ったのは、その後の見通しである。キャンプに来るまでの経緯、キャンプ中の順の様子から、「このまま登校し続けることができるのでは」という期待を抱いてしまった。ところが、キャンプが終わると、順は再び休み始めた。「登校させるため」の手立てを失った。その後は実践記録の通りである。母と兄と話して感じたことは、家族が父の死を乗り越えられていないこと、訪問が長時間になることからも、地域に話をする相手がいないことであった。だが、この経験は、六年生で再び順を担任することになった時、とても大きかったように思う。

六年生となった四月、当然、順は登校してこない。まずは順の母を、この年から配置されたスクールカウンセラーにつなぐことから始めた。話し相手が増えたからか、母の表情も明るくなり、少し前を向き始めたと感じた。六月、順が以前通っていたスイミングを再開したと聞いた（同じスイミングに通う大吾と母から）。夏休み前の懇談で、「水泳大会に向けた夏休みの水泳練習に参加するかもしれない」と母から聞く。

夏休みに入り、水泳練習が始まると、順は登校し始めた。そして、時間いっぱい一心不乱に泳ぐ。結局一日も休むことなく、夏休みの水泳練習に参加した。それは、夏休み後、水泳大会まで続いた。夏休み後の登校は、朝一番の誰も来ていない時間帯であった。個人で入賞しただけでなく、選抜チームのリレー選手も務めた。水泳以外の時間は、大吾や力がよくかかわっていた。水泳大会が終わり、運動会練習が始まると、順は再び休み始める。

この間、起こった変化は、順自身が（母を介さず）私にいろいろと聞き始めたことだ（とは言っても「〇〇していいですか?」といった程度であるが）。休んでいる日に、電話で聞いてくることもあった。そして一〇月後半、修学旅行が間近になると、再び登校するようになる。この時は、三時限目からの登校が多かった。午後に来ることもあった。この頃から、順は活発でやんちゃな大吾や力より、どちらかというとおとなしく優しい正平や幸と一緒にいることが多くなる。修学旅行の部屋やバス席などでも、正平、幸と組んでいた。

修学旅行が終わると、再び休みの期間に入り、次の登校は一二月に入ってからであった。この頃になると、順からの相談が「家庭科や音楽などの専科の授業がどうも苦手で、出られない」という内容に変わっていた。専科の時間は、私と個別に勉強しながら過ごした。三学期に入ると、しばらく休みが続く。登校し始めたのは、二月の校内フェスティバルの時期だった。専科の時間は私と補習、それ以外は教室で過ごした。校内フェスティバルが終わると、再び休みが続く。

三月、卒業式練習に一度だけ参加した。それは、証書授与の一連の練習の時であった。次にやってきたのは、卒業式の日であった（この日も、誰も来ていない一番に登校してきた）。式を終えると、順がやって来た。「先生、今までありがとうございました」こう私に言い、帰っていった。

以上が、六年生時の概要である。順は、「自分が参加できそうなもの」を考えながら登校していたのではないかと思う。学校というものに、「異議申し立て」をしながらも、「仲間」との時間を大切に過ごしたいという「想い」があったのではないか。その狭間で自分の「頑張れる」ところを選択していたように感じる。最後の卒業式については、私への義理立てで来てくれたと受け取っている。そのために一度だけ練習に参加したのだろう。

順との二年間の取り組みを通し、不登校の指導は一筋縄ではいかないと実感した。現在、中学生となっている順は、再び不登校状態である。しかし先日、中学校のスクールソーシャルワーカーの方から、「先週から登校している。幸がよくかかわってくれている」という話を聞いた。順の「自分くずしと自分つくり」は、まだ最中である。

解説

出会い直しから新たな価値を生み出す集団づくりを

佐藤　晋也

1　まずは、信頼できる大人として出会い直す

志方さんの実践に出てくる辰夫。『四年生時は仲間や担任への暴言でクラスをかき回していた校内の「有名人」』である。このような問題行動を起こす子どもたちはどの学級にも少なからずいるはずである。すぐに暴力をふるう「困った奴」。教師の言うことを聞かない「問題児」。そんなレッテルが貼られた子どもたちを今の学校現場では、「舐められないように」「厳しく指導する必要がある」といった言葉で引き継ぎがされる。

しかし、辰夫を含めた問題行動を起こす子どもたちから見た学校はどう見えているのだろうか。問題行動を起こす子どもたちは発達障がいを抱えていたり、家庭の中で困難な状況をもっていいた

り、何らかの生きづらさを抱えて学校に来ている。辰夫も父親が単身赴任でいないことを考えると、胸の内に寂しさを抱えていたのかもしれない。そんな子どもたちの生きづらさが荒れた行動を引き起こし、周りとの軋轢《あつれき》を生んでいる。だからこそ、子どもたちの苦悩に寄り添い、一緒になって悩むところから実践をスタートさせたい。

志方さんは辰夫を決して頭ごなしに厳しく怒鳴らず、彼の問題行動には理由があるというスタンスで常にかかわっている。「教室にいたくない」と言う辰夫を条件付きで許し、立ち直る時間が早くなったと肯定的に評価している。また、リカコを笑ってしまった時も、なかなか認めない辰夫の話を粘り強く聴き、最後は自分のやったことを認めた辰夫を肯定的に評価している。

今まで自分の問題行動を責められ、学校の管理体制に順応することを求められてきた辰夫にとって、志方さんとの出会いは「今年は変われるかもしれない」「この先生なら信頼できるかもしれない」という期待を抱かせたはずだ。

また、ここでもう一つ意識したいのは、そういった志方さんの辰夫へのかかわりを通して、学級の子どもたちにも変化が起きていることである。学級の子どもたちは「この先生はこうやって辰夫とかかわっていくのか」「今までの先生のように辰夫を怒らないんだ」と違う価値観を発見するきっかけになったはずである。もちろん中には「先生、もっと辰夫に厳しくしてください」と文句を言う子もいるかもしれない。しかし、そういった子も含め、みんなで辰夫について語ることから実践をスタートしていけばいいのではないかと思う。

私たちの実践はスタートの時点ですでに「マイナス」であることを意識すべきである。今までの学校・大人への不信を抱えた子どもたちと、まずは教師が信頼できる大人として出会い直し、子どもたちに受け入れてもらうことから実践を始めたい。その出会い直しは始めの時期だけでなく、常に子どもと「出会い直す」＝新たな発見をすることを忘れないでいたい。

2 豊かな活動を通して対話・交わりと新しい価値観を

五年生になると子どもたちの関係というものは、ある程度固定化されたものになっている。集団のトーンをつくり、まとめるボスやリーダー。ほとんど目立たず発言もしないおとなしい子など。また、スポーツや勉強ができる・できない、性格が明るい・暗い、おしゃべりがうまい・下手など、高学年ではそういった要素をもとに固定化された子どもたちの関係性や価値観をどう揺らし、新しいものへとつくり変えていくかが大きな課題である。そして、それを変えていくのが豊かな活動である。今までの関係性や価値観とは違ったものが見えてくるような豊かな活動をどれだけできるかが、実践の大きなポイントである。

志方さんの実践には様々な豊かな活動が書かれている。学級内クラブ、一学期まとめの会、キャンプのスタンツ、二学期まとめの会などである。こういった活動がただ単に教師主導でイベント的にやるのではなく、子どもたちとの対話を柱に、しっかりとした活動方針やめあてを一緒につくりあげているところに一見の価値がある。そして、活動を重ねることで子どもたちの関係性や価値観に少しずつ変化が見られる。

学級内クラブ立ち上げの場面で泰が辰夫について「今の辰夫は勝手なところも減っているし、ちゃんと口で言いたいこと言ってくれるし、みんなも辰夫に言いたいこと言えるようになってるから大丈夫やと思うで」と話している。泰のこの発言はその場にいた班長たちの価値観を揺らし、学級の課題である辰夫についてのみんなの見方を変えるきっかけになっている。

一学期まとめの会の総括では、大が「辰夫がよく仕切っていた」辰夫が「笑ってはいけないクラブの座禅が一番おもしろかった」とそれぞれ語り、活動を通して子どもたちの相互理解が深まっていっている様子がわかる。また、二学期のまとめの会では辰夫と泰には一緒に星座クイズ、プレゼント用の星座模型をつくるといった新しいつながりができていた。辰夫と泰だけではない。女子を中心に私的グループを超えたつながりができていたり、辰夫とリカコが相互に応答したりする様子が書かれている。

大切なことは活動をつくりだす中で、どのような対話を子どもたちと重ね、どんな出会い直しができたかである。そういった点で志方さんの実践は豊かな活動を媒介にして、子どもたちとの対話を挟みながら、今まであった価値観や学級の仲間への見方を変えていくしっかりとした筋道がたくさん書かれている。

3　子どもたちの生きづらさにどう応答していくか

　さて、志方さんの実践には辰夫以外にも大きな生きづらさを抱えた子どもたちが登場している。まずはI型糖尿病を患ったサツキである。サツキは志方さんに同じ病気の仲間とキャンプに行った様子を放送したテレビ番組を学級で見たい、という要求を出してくる。その理由は、血糖値の測定やインシュリン注射を教室でできるようにするため、みんなと同じように給食当番をすることができるためと話す。さらに志方さんがサツキに聞くと「一番は測定とか注射をみんなに見られるのが嫌やったから。でも今は大丈夫。前は保健室にもコソコソ一人で行っていたけど、今は友だちについてきてもらっているし。それよりも、今はみんなと同じことがしたい！」と答えた。これは病気のことをみんなに理解してもらい、もう一歩みんなとの距離感を近づけたいというサツキの願いである。

　最終的にはテレビ番組をみんなで鑑賞し、学級の子どもたちがサツキが教室で測定と注射をやることを受け入れ、「給食の時間中は危ないから当番以外は立ち歩かないでおこう」というルールを作るまでに至っている。このルールをみんなで決めたことに大きな価値がある。昨今、給食中は無言だの、立ち歩かないなど子どもを管理するためのルールを上から押し付けるだけの教育現場において、志方さんの学級はテレビ番組を鑑賞することでサツキの生きづらさを学び、それをもとに子どもたち自身がルールを決めていく過程がしっかりとある。子どもたちはこの件を通して、ルールを決めることの本当の意味を学んだのではないだろうか。

もう一人、父親を突然亡くし、不登校傾向にあった順。家庭の状況は詳しく書かれていないが、父親を亡くしたことと順が学校に来られなくなったことの関係は少なくないはずである。そんな順に対しても志方さんは、二学期の学級目標づくりの場面でのリーダーたちとの対話で、順への理解を深めようとしている。また、キャンプの場面では順とつながりのある大吾とのおしゃべりをもとに、順について共に語ることを実践している。そういった地道な積み重ねが、集団や子どもたち個々の順への理解を深めることにつながっている。その証拠に、キャンプの直前に順が学校に来ると、小松が「みんな、順が来たぞ！」とみんなに声をかけ、教室が賑やかになるのである。子どもたちが順の生きづらさを理解し、受け入れている象徴的な場面である。

順がその後、教室に継続的に来られるようになったわけではない。順の目線から学校や教室がどう見えていたのか、もう少し順の側に立った実践の展望をもつべきだったという課題があると個人的には思う（例えば、順を学校に来させるのではなく、仲のいい子何人かで順の家に遊びに行くなどができなかったか）。しかし、順のような子にも学校を居場所がある場にしたという点で、志方さんの実践は大きな価値があるはずである。

4　子どもと共に悩める教師として

3の最後に「順の側に立った実践の展望をもつべきだった」と書いた。五年生での順個人への指導について、私は志方さんが順を学校に来させる前提で対応していたように読めた。そう読めたのは実は私も志方さんと同じような経験をしたからである。私も順のような不登校の子を担任したときに、何とかして学校に来られないか（来させられないか）しか考えていなかった。そうすることが、不登校の子にとって何よりも大切と自分で思い込んでいたのである。

順の目線から学校や教室がどう見えていたのか、家族の問題なども順と語り合いながら関係をつくる必要性があったように感じる。「学校に来ない」選択は順にとって、自分を守るために必要だったのだろう。順の兄の「行きたくても行けない。今はそっとしておいてやってほしい」という言葉がすべてを物語っている。志方さんもそのことに次第に気づいたのではないか。【付記】では志方さんが順への理解を六年生の一年間を通して深めていく様子が書かれていた。だからこそ、順は志方さんを次第に受け入れ、少しずつだが学校にも登校するようになったのではないか。

私たちに今求められているのは不登校の子を学校に来させる「目に見えた結果」ではない。不登校の子の悩みに気づき、その悩みを「一緒になって考える」ことこそが、私たち教師にとって必要とされているのではないだろうか。

VI

アイデンティティーの揺らぎと再編を受けとめる学級・学校づくり

実践　山口 隆志
解説　地多 展英

実践記録

リクへの指導はこれでよかったのか?

山口　隆志

1　リクのこと

ケニア人の父と、日本人の母をもつ。現在、父は単身赴任中である。また、大学生の兄がいる。父は黒人であり、リクは肌の色、髪質など校内でも目立つ存在である。三年生までは学級のリーダーだったそうだが、四年生の六月頃から担任に対する反発を強める。立ち歩きや周囲の子どもたちへの暴力、担任への暴言など、授業妨害はエスカレートしていく。

そんな状況を、担任は母にすぐには伝えなかったらしい。他のやんちゃな男子も巻き込んで、どうしようもない状況になった頃、担任が暴れるリクを別室に連れて行かせたことをきっかけに、担任や学校に対する母の怒りが爆発する。その怒りを、母は「うちの子が、『化け物』扱いされた」と表現していた。

結局リクは、秋頃から別室（会議室など）で過ごすようになる。もう一人の別室登校の男子と一緒になって、好き放題をするリクに、支援員さんもかなり苦労していた。

二月頃に教室に戻ったが、授業態度は相変わらずだったらしい。他の先生が見に行くと黙っているのだが、帰ってしまうと、また好き放題をする。担任に、「お前なんか、いなくなればいい」などという言葉を投げつけたりもしたそうだ。そんな状況を、自分も含めて、周囲は何もできなかったという反省があった。

そして、そのリクを、五年生で私が担任することになった。

2 「自分だけ悪者になる」

四月のスタートからハイテンションのリク。積極的に発言して授業を盛り上げたり、運動会で応援団を務めたりと、学級のムードメーカーのような存在だった。冗談を言って友だちを笑わせたり、女子のために重い荷物をもったりすることもあり、「リクくん、優しいんだよ」という声を聞くこともあった。私としては、昨年度のこともあったので、リクを頭ごなしに叱ることは避け、ちょっとした頑張りや活躍を励まし認めることを大切にしながら接してきた。

しかし、六月下旬頃から様子が変わってくる。疲れたような、イライラしたような、自信のなさそうな表情。周りをキョロキョロと見回している。「何かあった？」と聞いても、「別に…」と答えるだけ。そんな中、トラブルが起こった。

給食の準備中、リクがケイタの顔をぶって、突然いなくなった。私はその場にいなかったのだが、子どもたちからトラブルの原因を聞くと、リクが配膳台に食缶を置こうとした時、ケイタが冗談でそれを邪魔するような仕草をしたらしい。ケイタは「変顔」をして笑わせようとしたのだが、リクはそれにキレたようだ。

学校中を探し回ったところ、リクは外にあるトイレの屋根に登っていた。コウスケら友だち数人と「話を聞くから降りてきて」と呼びかける。だが、おびえたような表情を見せ、なかなか落ち着かない。降りてくるまで四〇分ほどかかった。話を聞くと、ケイタをぶってしまったことで、「暴力をふるって自分だけが悪者になると思った」と言う。「暴力は確かによくなかったかもしれない。でも、きちんと話は聞くよ。決めつけたりはしないから」と伝える。その後、ケイタと話し合って、お互いに謝ったものの、リクはすっきりとしない表情だった。

この出来事以降、リクは気づくと姿が見えなかったり、保健室に行ったりすることが多くなった。

3　母との面談で

その翌週、母と面談することにした。最近のちょっと落ち着かない様子を伝えると、「まったく知らなかった」と驚いた様子で、「教えていただいて助かります」とのことだった。リクの大学生の兄は、優れたバスケットボール選手だ。大会前など、母が兄にかかり切りになってしまうと、リクが不安定になることがこれまでにもあったという。時期的にも、それが原因の一つだろうとのことだった。

ただ、担任として、母のかかわりだけを原因にするわけにはいかなかった。協力に感謝しつつも、自分のリクとのかかわり方を見直し、温かい学級づくりを目指していきたいと伝えた。その上で、気持ちが昂った時に見せるリクのおびえた表情、混乱した表情について話し、そのことを一番心配していると伝えた。母にも心当たりがあったようだ。

・昨年度は、寝言で「何で来るんだよ！」、「こっち見るな！」と叫ぶことがよくあった。髪の毛もたくさん抜けた。先生たちに裏切られて、「うつ病」のような症状だった。
・病院の待合室で、小さい子に突然「外国人だ！」と言われ、傷付いたことがあった。
・サマーキャンプでは、同じ部屋になった他校の子どもたちに嫌がらせをされた。そこから逃げ出すと「また逃げ出した！」と先生から叱られ、途中で家に帰されることもあった。
・リクは自分の「アイデンティティー」が揺らいでいるのかもしれない。兄はそれをスポーツや持ち前の明るさで乗り切ったようだ。しかし、リクはまだそれを乗り越えられないのではないか。

母はそんな話をしてくれた。面談を通して、母と私の間で何となく共通の認識を持てたのは、リクの「優しさ」を大切にしていきたいということだった。私からは、「担任だけでなく、周囲の友だちや保護者の中にも、リクの優しさをよく知っている人がいる。そのことをリクにも知ってほしい。そして、そのことで自分に自信を持ってほしい」そんな話をした。最後に、時間はかかるかもしれないが、一年間、一生懸命かかわっていくことを伝えると、母は

「感謝しています。学校で気になることがあったら、教えてほしい。家でフォローしていきたいと思います」と言っていた。

4　トラブルいろいろ

それからのリクは、小さなトラブルを起こしては姿をくらます、ということを繰り返していた。教室でのトラブルはあまり無かったが、休み時間など、他の教師や他学年の子どもたちとぶつかることはよくあった。私の見ていないところでは不安定になるのだろうか。しかし、リクはこうしたトラブルを通して、一度切れた「糸」を結び直そうとしているのかもしれない。「ぼくを認めてほしい」そんな声に聞こえた。

トラブルの度に気をつけていたのは、とにかくまずは話を聞くこと。そして、リクを他の子ど

もたちとつなげていくことだった。その中で、リク自身が「友だちとつながりたい」というメッセージを伝えてくることもあった。正直、私自身がイライラすることも多かったが、リクにとってはこうしたトラブルを経ることが大切なのだと思い直し、丁寧にかかわるようにした。

（1）顔まね事件

例えば、夏休み直前のある日の出来事。水道のところで水遊びをしていた二年生にリクが注意したところ、「うるさい！」と言い返されたためケンカになり、相手を殴ってしまう。その後、姿をくらます。

校内を探すと、体育館のギャラリーを歩いていた。少し時間はかかるが、ギャラリーから降りてくる。

T「それで、どうした？」

リク「別に…」

しばらく待つが、トラブルのことは何も話さない。こちらから聞いても、「別にいい」を繰り返す。途中、私の前から立ち去ろうとするリクの手を強く引いてしまう。

T「ごめん。痛かったな。悪かった。ごめん」

すると、

リク「去年は、もっと先生たちから暴力されてましたよ」

Ｔ　「そうだったのか。それは悲しかったよな。いやなこと、思い出させてごめんね」

それから、「○○先生に殴られた」とか「馬乗りになって、抑えられた」とか、しゃべり始める。うなずきながら、聞いていた。

二年生とのトラブルについては時間をおいてから聞こうと思い、私が立ち去ろうとすると、今度はまったく別の話を始めた。

リク「…だってさ、クラブのとき、ルリちゃんとケンカになったんだもん」

Ｔ　「ケンカ？」

リク「ルリちゃんがクラブのとき寝てて、そのまねをしたら、ここ（襟元）をグッてやられた…。それに、ユウにも文句言われて…」

Ｔ　「何かトラブルがあったんだね。解決したの？」

首を横に振る。

Ｔ　「そのことが気になってる？」

リクは「うん」とうなずく。

Ｔ　「話してくれてありがとう。じゃあ、ルリたちからも話を聞かなきゃ。先生は一度教室に戻るよ。二人の話を聞いてくる。相談室で待ってなさい」

リクが時々クールダウンするのに使っていた相談室で待たせることにした。教室に戻ると、ルリとユウの方からやって来た。

ルリ「リクくんが出て行ったの、私のせいかもしれません。金曜のクラブの時に、ちょっとトラブルがあって…」

金曜は雨が降って、サッカークラブはビデオ鑑賞をした。リクは、疲れて居眠りしてしまったルリの顔まねをしつこくしたのだという。「やめて！」と言っても、おもしろがってやめない。怒り心頭のルリは、思わず「いいかげんにしろ！」と言って、リクの胸ぐらをつかんだらしい。

ルリが胸ぐらをつかんで、リクに怒りをぶつけたことに驚いた。だが、何だか嬉しかった。

T「すごいなあ！　怒る気持ち、分かる。ルリちゃん、胸ぐらつかんじゃうんだ！」

ルリ「それを言わないでください。でも、ほんとにイラついたっていうか…」

T「そうだよなあ。それで、どうしようか？…っていうか、どうしたい？」

ルリ「やっぱり、謝らなきゃなって思う」

T「じゃあ、一緒に行こっか」

給食指導を子どもたちと学年主任に任せて、相談室へ。部屋に入ると、リクは隅っこにうずくまって隠れていた。照れくさそうに出てくるリク。本当に、友だちとのつながりを求めているんだなと思った。

ルリ「クラブのとき、怒って胸ぐらつかんで、ごめんね」

ユウ「わたしも、一緒になって文句言っちゃって、ごめんなさい」

T「二人は『自分たちのせいかも』って思って、自分たちから来たんだよ。リクくんからは？」

リク「クラブのとき、寝てる顔のまねをして、ごめんなさい。しつこくやって、ごめんなさい」
T「これでお互い納得かな。ところで、どんな顔まねやったの？　ここで、やってみて！」
リク「えぇ？　できませんよ！」
T「あのね、やるのが恥ずかしいようなことを、しつこくやるんじゃないの（笑）」
最後は、みんなで笑った。
T「よし、じゃあ、教室に戻るよ！」
リク「えぇ！」
T「何でよ、これで解決でしょ。まだ、何かあるの？」
リク「いや、別に」
T「…なら、何よ？　ねえ、二人からも何とか言ってくれない？」
ルリ「リクくん、一緒に行こうよ。給食、食べに行こう」
ユウ「そうだよ。うちのクラスは、リクくんがいないとだめなの！」
リク「コウスケくんがいるからいいじゃん」
この「〇〇がいるから、いいじゃん」というのは、リクの口癖だ。
ユウ「コウスケくんとリクくんはちがうの！　いないとダメなの！」
リクは嬉しそうだった。教室に戻って行くリクの背中を見ながら、ルリ、ユウには「ああいうふうに言われて、リクくん、嬉しかったと思うよ」と伝えた。二人も嬉しそうに笑っていた。

二年生とのトラブルは、その翌日、しっかりと謝ることができた。

(2) ジグソーパズル事件

九月にはこんなこともあった。図工の時間、リクが自分のジグソーパズルの作品をゴミ箱にぶちまけた。ニスを塗ったら微妙に色が変わってしまい、気に入らないと言う。リクはこれまでも、幾度となく作品を投げ出しそうになってきたが、私も懸命にアドバイスしたり、励ましたりしながら、ようやくあとわずかで完成というところまでこぎ着けたのだった。せっかくここまで頑張ってきたのに…と思い、私の方が感情的になる。

T「何てことするんだ！　もういいよ！　リクくんが作らないなら、先生が仕上げるから！」

そういってゴミ箱からすべてのピースを拾い、組み立て始めた。リクはその様子をしばらく見ていた。

ルリ「これ、難しそうですね。すごい」

何かを感じたのか、ルリがやって来た。

T「そう、適当に切ったみたいだから、なかなか合うピースが見つからなくて…」

ルリ「あ、これじゃないですか？」

ルリと二人で作り始める。それを見てレンやケイタもやってくる。そばにいたアヤにも声をかけた。

C　「何これ、難しい！」

T　「そうなんだよ。みんなでやってみよう！」

少しずつ絵が出来上がっていく様子をじっと見ていたリク。そのうち、一緒に作り始めた。私はそっとその輪から離れる。結局、授業終了までみんなで作っていた。そしてチャイムが鳴っても、最後まで完成させようとしていたのはリク本人だった。

帰りの会で、「今日は、みんなでリクくんのパズルに挑戦したんだよ」と話した。すると、一緒に作っていた子たちが、「難しかった！」、「おもしろかった！」と応えてくれた。リクはとても嬉しそうだった。「続きは先生がやるんですか？」とニヤニヤしながら聞いてきた。

5　「けがれちゃったじゃん！」

しばらくは穏やかに過ごしていたリクだが、一一月下旬にトラブルが起こる。

私が一日出張した日の出来事だった。夕方、教室を見に行くと、リクの机が倒れている。気になったので、リクの家に電話をかけた。話を聞くと、ナナ、ヒナら女子のコソコソ話が気になって、イライラしてしまったのだという。机は自分で倒して帰ったらしい。

翌朝、リクの他にもコウスケ、リュウも同様の不満を言っているというので、三人とナナ、ヒナを集めて話をした。二人とも、男子の悪口を言っているわけではないが、それで嫌な思いをさせてしまったということは理解していた。

「友だちだけで話したいこともあるよね。でも、周りから見たらやっぱり嫌だと感じることもあるから、気をつけていこうね」

私はそんなふうにまとめ、「これからは嫌な思いをさせないよう気をつける」ということをみんなで約束した。その後、学級全体に話し合いの概要を伝えた。

だが、一週間後、突然リクが教室に行きたくないと言い出す。理由は「一度約束したのに、女子のコソコソ話が無くならないから」だと言う。ただ、前の話し合い後、私も注意深く見守っていたが、ナナやヒナにそうした様子は見られない。コウスケやリュウに聞いても、「別に気にならない」と言う。ナナに至っては、「私たち、あれからしっかり気をつけていますよ！」と得意気だ。そんなわけで、「気にし過ぎだよ！　さあ、行こう！」程度に励まして終わらせたのが、甘かった。

一二月中旬、休み時間に、子どもたちが職員室に「先生、大変です！」と駆け込んできた。行ってみると、リクが大暴れしている。壁を蹴破り、ほうきを振り回し、ナナに向かって「ぶっ殺してやる！」と叫んでいる。あまりの勢いに、周囲の子たちも恐怖で立ちすくんでいる。他の子どもたちを教室に戻し、私がリクを止める。ある程度、落ち着くまで一時間くらいかかった。その後は脱力状態で保健室の椅子に座り込む。リクも一緒にみんなで話し合いたかったが、それはできなかった。

教室に戻って、子どもたちに何があったのか聞き、黒板に整理していった。休み時間、みんなで激しく雪合戦をやっていた時、男子数名がナナを集中攻撃した。服や髪が濡れてしまったところに、さらに後頭部にも雪玉をぶつけられた。その雪玉を投げたのが誰なのか、よく分からなかったが、怒ったナナは「もう！　けがれちゃったじゃん！」と叫んだ。振り向くと、そこにリクが立っていた。リクは、ナナのこの言葉を聞いて激昂したのだった。

出来事の流れを整理した後、みんなで「けがれちゃったじゃん」という言葉について話し合う。ナナは、この言葉を「よごれちゃったじゃん」と同じ意味で使ったようだった。

T「『よごれちゃったじゃん』と『けがれちゃったじゃん』。どう違う？」

C「『けがれる』の方が、きつい」「呪いみたいな感じ」「洗っても取れないってこと」

そんな意見がいくつか出る。

T「リクは、どうしてこの言葉に対して、これほど怒ったんだろう？」

普段からリクとよく遊んでいるコウスケが「前に、みんなで『ゾンビごっこ』をやっていた時、最初は楽しんでいたのに、自分がゾンビになったら、突然怒ることがあった」と答えた。その他にも、「コソコソ話事件」など、これまでのトラブルを思い出しながら、何人かが発言する。リクが周囲からの視線をとても気にしていること、「自分だけが悪者になる」ことをとても怖がっていることを、みんなで確認していった。

話し合いの後、ナナはリクのところへ謝りに行く。みんなで話し合ったことについても、リクに伝えた。しかし、受け応えは少なく、表情は暗いままだった。

リクは、それからしばらく、かなり荒れていた。教室に入ることができなくなり、毎朝、保健室に登校する。表情は暗く、手首をハサミで傷付けたり、他の先生と衝突して学校を飛び出したり、保健室に来た子とケンカしたり…。一度、学校近くの高架橋から飛び降りるような仕草を見せた時には、私も肝をつぶした。リクが不安定になると、落ち着かせられる（抑えられる）のは私しかいないので、授業中にもよく呼ばれた。教室と保健室を行ったり来たりで、さすがに疲弊した。何より、他の子どもたちに大きな不安を与えてしまったと思う。

6　少しずつ

年が明けると、私自身のリクへのかかわり方を見直すとともに、新たに方針を立てた。

まず、リクが過ごす場所。保健室にやって来る子が多く、そういった子たちとのトラブルがよく起こっていたので、より落ち着ける場所、集中できる場所はないかと考え、相談室を使いたいと管理職に願い出た。また、二人の女性の支援員さん（普段は主に一年生の補助をしている）は、リクのことをよく理解してくださっていて、リクも心を開いているので、空き時間に一緒に過ごしてもらえないかと頼んだ。

最初、管理職は「支援員の『使い方』が違う」と、この提案に否定的だったが、男性の「生徒指導支援員」さん（児童の「問題行動」に対応するのが主な仕事である）はリクとの相性が非常に悪く、顔を見ただけで逃げ出し、「来るんじゃねえ！」と叫び出す始末。主幹や教頭が行っても同じだったので、その願いを聞き入れてくれた。

相談室では、リクは概ね落ち着いて学習に取り組んでいた。それが私にとっても安心感につながり、何があろうとも、翌日には笑顔でリクを迎えられるようになってきた。毎朝、リクの強張った肩をもみ、二人でストレッチすることを日課とした。

また、最初は班の子どもたちを動かしてリクと教室をつなごうかと考えていたが、「無理やり」な感じがして嫌だったのですぐやめた。だが、リクの存在を念頭に置いて班編成を行った子どもたち（班長はルリ）は、給食を届けに行ったり、そのまま長いことおしゃべりしたり、自分たちで動き始めた。相談室でのおしゃべり組は少しずつ増えていく。今は別の学級だが四年生で同じ学級だったやんちゃな男子たち、私のクラスからはルリ、メグハ、アヤ、時にはナナなど、女子が多かった。

バタバタしていて、友だちが相談室へ行かない日もあった。そんな時、リクは「今日はみんな忙しいのかな…」と寂しそうにつぶやいていたそうだ。授業後、「ノート持ってきたよ！　写して！」とルリやメグハがやってくると、いつもよりさらに丁寧な字でノートを書いていた。

リクの母親も協力してくれ、「リクのことを、ちょっとでも知ってもらいたい」とアフリカに関する絵本の読み聞かせをしてくれた。リクは相談室にいたので一緒に聞くことはできなかったが、給食の時、ルリやメグハが「リクくんのお母さん、優しい人だね」と言うと照れていた。私も、絵本などを教材にして、容姿が他の人と違う故の悩みや苦しみについて、子どもたちと話し合ったりした。普段は賑やかな子どもたちも、真剣な表情で聞いていた。

ある日、通級指導を受けているマナという女の子が、突然、相談室を訪問し、リクとおしゃべりするという出来事もあった。マナは四月、リクのことを怖がっていた子だ。それに、マナ自身もかつて保健室登校をしていた時期があったらしい。

「リクくん優しいんだよ。『早く教室に戻ってきてね』って言ったら、『うん』って言ってたよ」

そんな予期せぬ出来事に、私自身も癒されることが多くなった。リクも「嬉しかった」と言っていた。

しばらく経つと、リクは一日のうち二時間くらいは教室で過ごせるようになっていく。最初は図工の時間、次は給食。そして、支援員さんも手伝ってくださる家庭科のナップザック作り。

リク「シ～ンとした授業は、まだちょっと無理。みんなで動いているやつなら行けそう」

T　「あ～、分かる分かる。じゃあ、そこから頑張ろう。あと、この教科なら行ける、っていうのはある？」

リク「体育とか。理科の実験とか」

実際に体育の授業にはやってきた。こういう時は、何事もなかったかのように、班で楽しそうに活動している。理科室での実験の時には、誰よりも早く理科室に行き、ストーブをつけておいてくれた。なぜだか、本人はいなかったが…。

「リク、今、いないんだけど、ストーブはつけておいてくれたみたい。温かくて、嬉しいね」子どもたちから、これといった反応はなかったが、その言葉はしっかり届いているようだった。

二月、リクが教室で過ごせる時間は少しずつ増えていく。意図的にワイワイガヤガヤするような授業を行った。何事もなかったかのように過ごしているが、後で話を聞くと「緊張した」と言うことが多かった。三時間、四時間過ごせる日も出てくる。

時々トラブルもあった。急きょ、相談室が使えなくなった時。下級生から「外人！」と言われ冷やかされた時。放課後、友だちと遊んでいてトラブルが起こった時。そんな時は、なるべく時間をかけて思いを聞き取るようにした。夏頃に比べて、立ち直る時間は短くなり、私とのやりとりもスムーズになってきたと感じた。

7　三月になって

三月に入り、卒業式の練習が本格的に始まる。教室には慣れたが、人が多くなるとまだ抵抗があるらしく、なかなか練習に参加できない。相談室で学習には落ち着いて取り組んでいたものの、二月に教室で過ごせる時間が増えたこともあってか、リクの「行きたくない」が増えることは、私にとっては後退のようにしか感じられなかった。管理職から、ＳＳＷ（スクールソーシャルワーカー）の仕事部屋にするため、相談室を空けるように言われたことも焦りとなっていた。また、来年度へつなぐためにも、卒業式には何としても出てほしいという思いがあった。「行かない！」と言い張るリクに対してイライラし、「理由は何？」「また、そうやって逃げるのか！」などと詰め寄ってしまうこともあった。ある時、リクは私に激しく抗議した。

「そういうことじゃない！　みんなの中にいると、疲れてイライラする！　どう接していいか分からないんだ！」

そう言われて、ハッとした。この頃、昨年と同じように毛髪が抜けている箇所も見られるようになっていた。ずいぶん、プレッシャーをかけてしまっていたのだと反省する。

「ごめん。言い過ぎた。できるなら、ギャラリーからでいいから、聞いていなさい」

そんなことがあってから、ギャラリーや物陰から練習を聞いていることも増えた。支援員さんや同学年の先生方もよく声をかけてくれ、リクを誘い出してくれたようだ。卒業式一週間前の予行は、結局、ギャラリーから見学していた。

しかし、その翌日だったか、五年生だけで卒業式の合奏練習をしていると、リクがニヤニヤしながら子どもたちの中に入ってくる。私は指揮をしていたので、その時は特に声をかけなかった。授業後、他の先生方に聞くと、物陰から見ていたリクに「あなたがジャンケンに負けたら、練習に入りなさい」と声をかけてくれたのだという。結果、リクはジャンケンに負け、練習に参加したのだそうだ。ちょっと拍子抜けだった。

さらに、確かその翌日。休み時間に教室のインターフォンが鳴る。かけてきたのは、相談室のリクだった。

リク「先生、今から、教室に戻ってもいいですか？」

T　「えっ？　もちろん。いいよ」

インターフォンを切ると、他の子どもたちには、「リク、戻って来るってさ」とだけ伝えた。突然のことに驚いたが、リクは本当にやって来た。私は特に声をかけず、他の子としゃべっていた。教室に入る前、一瞬緊張した表情を見せたような気もするが、すぐに友だちとおしゃべりを始める。そして、チャイムが鳴ると席に着いた。授業が始まってすぐに、教室を出ていく。しばらくして、相談室に置いてあったランドセルや筆箱を持って再び戻って来た。

こうして、リクは教室に戻って来た。それから修了式までの約二週間、リクはとても穏やかだった。卒業式にも立派に参加。教室では相変わらず賑やかだが、無理をしているという感じはしない。ナナたちとも楽しそうにしゃべっていた。

どうしてリクは教室に戻って来られたのか？　その理由は、よく分からない。相談室で支援員さんと勉強したり、友だちとおしゃべりしたり、遊んだりする中で、自分で戻る準備をしていたのかもしれない。私自身、本当に悩みながらの一年間だったが、もしこの学級がリクにとって、「もう一度信頼してみよう」と思える場所になっていたのだとしたら、とても嬉しい。今は、そんなふうに思っている。

解説

リクのアイデンティティーを支えるとは何か
――リクの葛藤から考える

地多　展英

1　リクの母親

私にこの実践記録への解説の依頼がきたのは、きっと、外国籍の子の多い地域の学校に私がいるからだと思う。外国人の父、日本人の母。私もそういう子を今、担任している。親子で被差別感を内面化している。そういう実感を持たせる周りの状況があるからだ。

このリク親子の場合もそうではないだろうか。山口さんに個別に伺ったところ、保守的な地域で、外国の方と結婚し、その子が「肌の色、髪質など」が目立つということも噂の種になりやすかったようだ。単身赴任の父親は、あまり子どもに関わらず、それでいて「ちゃんとしろ」という形で自立を外側から迫るらしい。ますます母親は、追い詰められたことだろう。

外国人が父親の子を持つ母。この場合母親は、普通以上に子どもを抱え込んでしまうのではないか（決してそれは母親が悪いわけではない）。子どもを自分が守らなくてはならないと過剰に抱え込み、一方で子どもには自立と強さを求める。そういう構図が見えてくる。

四年生の当時、「うちの子が化け物扱いされた」と担任や学校に怒りを爆発させた母。そうした事実があったのだろうが、「自分がこの子を守らなくては」という気持ちがあふれ出ている。母親自身がリクの異質な「肌の色や髪質」を気にしていたからこそ、それを攻撃されたことで怒りは倍増する。

また、リクには優秀な兄がいる。「優れたバスケットボール選手」で、母は（山口さんによると）マネージャーのようにこの兄につきっきりであるという。差別など寄せ付けない強く自立した兄に寄りそう母。「兄のように強くなりなさい」というメッセージをリクは受け続けたことだろう。差別など乗り越える強さを何かで持たなければならない、とリクは思い続けたことだろう。

2　「リクのアイデンティティーが揺らいでいる」

山口さんへの聞き取りからわかったことだが、これは母親自身が山口さんに言った言葉だそうだ。「兄はそれをスポーツや持ち前の明るさで乗り切ったようだが、リクはまだそれを乗り越えられないでいるのではないか」と、山口さんと母親は確認している。また、「リクの『優しさ』

を大切にしていきたい」という共通の認識を持ったという。

この話の筋が私には見えなかった。「強さを持って乗り切ってほしい」ということと、『優しさ』が良いところだ」と共通の認識を持った、ということの矛盾が。おそらく母親は前者の見方を持ち続けていて、何か自信になるもの（強く自立できるもの）を探していろいろな習い事をリクにさせてみていると山口さんから聞いた。おそらく山口さんのいう後者のことについては、話を合わせたということなのではないかと想像する。「『優しさ』で自分に自信を持ってほしい」という山口さんの願いは、母親にもそしてリクにも届いていないのではないか。

リクは、「優しさ」で強く自立することなどできないという母親の思いを内面化し、兄のように強くなるしか乗り越える方法がない、というアイデンティティー観を持たされている。しかしそうなれない自分にいら立ち、そこから逃げるような、しらけたような態度をとる。同時に自分の「優しさ」が自分を苛《さいな》む。それが「疲れたような、イライラしたような、自信のなさそうな表情」となって、六月に様々なトラブルの形で出始めたのだろう。

3　なぜリクは突然いなくなるのだろうか

それはまず、リクが差別を迫害に近いものとして感じているからであろう。自分の味方をする者はいない、みんなが敵という意識があるからではないか。

かつて私は、窓から飛び降りようとする子（実際には一度も飛び降りたことはない）に出会った。その子は、子どもたちの中で孤立していて、よくわからない子と見られていた。その子がけんかをするような展開になると、一人でキレてそして飛び降りようとした。なだめられると、「だってケンカしたらいけないもん」というその子。ケンカができないのだ。自分の思いを飛び降りるというかたちでしか表せない。怖いのだ。誰も味方してくれないから。ケンカとは、周りで自分の味方をしてくれる者がいるという安心感がないと、できないものなのかもしれない。キレたり、飛び出したりすることで自分の気持ちと折り合いを付けようとしていた。

リクもそれに近いものがあるのだろう。殴ってしまった後、孤立する自分を想像しそこにいられなくなるのだろう。であるならば、この子が内面化している非差別感こそ読み開いてやらねばならなかったのではないか。「けがれちゃったじゃん！」で展開していることを、もっと早い時期に積極的に緊急の課題として行う必要があったと思われる。

なぜいなくなるか。もう一つの答えは、リクが攻撃的で、そして優しいからだ。

「暴力をふるって自分だけ悪者になる」というリクの言葉。差別を実感しているリクにとって、周りがいつでも自分を悪者にすることへの恐怖があり、だからこそ「コソコソ話」は、自分を迫害していると感じられるのだろう。こうした押しつぶされそうな被圧倒感から、このリクの言葉は出ていると思う。と同時に、これはリク自身が自分に浴びせている言葉なのではないかと思うのだ。暴力を振るい相手を打ち負かした自分を悪い自分だと責める自己がいるのだ。

私の実践では女の子であった。この子は、相手を攻撃し打ち負かしてしまった痛烈な経験があった。強い自分がいて相手を打ちのめし、打ちのめされた相手にその後気づく優しさがあり、結果、自分のしたことにおびえる。そうしたおびえから、次第に自分の攻撃性を抑圧し、ひきこもるような、登校をしぶるような傾向が出ていた。そういう子であった。その攻撃性をもう一度解放してやること、攻撃性を出しても相手はそこにいて、生きている、だいじょうぶ、攻撃性は誰にでもあることだと呼びかけることを私はしていた。

リクも強い攻撃性を持っているのだろう。「周囲の子どもたちへの暴力」が、四年時は日常茶飯事だったようだ。その時は、攻撃性を発揮している、だけで済んでいた。それが五年生になると、暴力を振るった後その場から離れていなくなるようになる。おそらくリクは、暴力をふるって打ちのめした相手を見て、次第に自分が怖くなっていったのではないかと思うのだ。あわせもった自分の優しさゆえに。

それが、かなりな「荒れ」を生み、「脱力状態」を生み、「手首をはさみで傷つけたり」「高架橋から飛び降りるようなしぐさを見せた」りする行動となって表れていたのではないか。「ぶっ殺してやる」と言ってしまう攻撃性をコントロールできない自分があり、その自分を罰するように自傷行為に走ろうとする。

コントロールできない時、その時はその場からいなくなるしかないのだ。だから「相手を殴って」しまい、「その後、姿をくらます」ことをしていたのではないか。差別に対してつい攻撃的になる自分があり、同時に、もう一人の優しい自分が、そんな自分におびえているのだ。

山口さんは「リクの優しさがリクの良さだ」と位置づけようとしたし、現にそのことで周りとの関係も作られていた。しかしリクにとっては、その「優しさ」にこそ自分自身が悩まされていたのではないだろうか。

4　一緒でいいじゃないですか

山口さんは、トラブルを起こしていなくなったリクを見つけ、「暴力は確かにいけなかったかもしれない。でも、きちんと話は聞くよ。決めつけたりはしないから」とリクと対話している。「決めつけない」ということがリクにとっておおいに救いだっただろう。また、トラブルを「ぼくを認めてほしい」というメッセージととらえている山口さんの姿に、リクは心を開き始めたのだろう。

しかし、あえて言うならば、リクの中の葛藤をこそ読み開き、だいじょうぶだ、それでいいんだと励まし続けるメッセージをこそ送るべきだったのではないかと思う。それがリクの自傷行為を止めることにつながったと思うのだ。

例えば、トラブルの後いなくなったリクに対して、こんなふうに言ってみてはどうだろう。

「だいじょうぶか。苦しかったなあ。自分の攻撃性におびえているのか。だいじょうぶだよ。

相手はだいじょうぶだ。だめになったりしないよ。自分を責めなくていいよ。

差別を感じて、いらいらして相手を攻撃してしまう自分がいる。同時に、相手を打ちのめしてしまった自分を責める、相手に優しい自分がいる。きついよな。苦しいよ。そんなときは逃げ出してそこからいなくなっていいんだよ。先生も必ず付き合うから。

でも、どう？　そんな自分、いやですか。攻撃性を抑え込んじゃう？　優しさを捨て去る？　そんなことしなくていいんじゃないか。どっちも君なんだよ。いいとか悪いとかじゃないよ。差別を感じてそうするしかできない、そのことで悩んでいる君なんだよ。先生は、そんなふうに差別と闘い、そして悩む君がいとおしいよ。だから、自分を許してあげようよ。

そんな自分と、君、一緒でいいじゃないですか。そして少しずつゆっくりと変わっていけばいいよ。みんなもきっとわかってくれるよ。そしてみんなも変えていこうよ」

現実には、こんなふうにいかないだろう。もっとどろどろとしているかもしれない。だが、こうしたメッセージこそ、リクは待っていたのではないだろうか。

5　母親を支える、リクのアイデンティティーを支える

子どもを抱え込んでしまう母親。それは母親の責任ではないと先に書いた。また、自分の子が差別に屈しない強い自立をつかんでほしい。こう願うのも仕方のないことだろう。

しかし、である。そのことがリクを追い立てているのだ。リクの中の葛藤を母親にも話していく必要があるだろう。リクと同じで母親にも時間が必要だ。兄にもやがてそうした葛藤がまた来るだろう。そのことも話していきたい。

同時に、自助グループ的な支えを一緒に見つけてみてはどうだろうか。片親が外国人同士の家族のグループなどが地域にあるのではないだろうか。私の地域では、外国籍の方同士のつながりがとても強く、それが彼らの強い支えになっている。もしリクの母親にもそれが見つかれば、ふっと肩の力を抜き、またいろいろな情報も得られ、自分の家族を客観的に見られるきっかけにもなるだろう。そうした援助をしていくべきではないだろうか。

リクのアイデンティティー。強い自分か優しい自分か。そうではない。その二項対立にとらわれなくていいのではないだろうか。三年生ではリーダーであった、とある。そうだ。自分たちの要求を実現する活動をどんどん広げさせていくこと。学級内クラブやクラスの行事。山口さんのことだから、おそらくそうした活動もきっとあるのだろう。それをリクの目線で一緒に探していくことだ。リクがやりたいことは何なのか。ひょうきんなリクのこと。何かおもしろいことが待っているかもしれない。友だちの中で、要求を実現する活動でつながっていくこと。そこにリクの新しいアイデンティティーの可能性があると思うのだ。

6　学級は、リクにとって信頼できる場所になったのか

「そうなっていたら、とても嬉しい」と山口さんは書いている。私はそうなっていると思う。まずは女子の動き。リクとの関係で、山口先生をフォローするようにどの子も動いている。これはとても大きいことだ。学級づくりの中で、山口先生を女子は信頼している。ここに成功の一つの要素があると思う。

リクは「だってさ、ルリちゃんとけんかになったんだもん」とやや甘えたように先生に話しかけている。先生と女子は自分を受け入れてくれると感じているのだ。リクにとって信頼できる学級になる基礎が、女子との関係を中心に存在している。

ただ、男子の姿があまり書かれていない。また、リクが発議する形で（トラブル以外で）クラスで話し合いがもたれるという姿も見られない。

私は今、四年生の担任だが、学年の実践の中でやんちゃな男子が係活動（創造的な係で、サッカー係や動画係などがある）の中で、自分の発議が認められず、葛藤しながら自分を少し変えていくという姿に出会った。その担任の先生は、自分が言っても聞かないやんちゃな子が、みんなの意見で自分を変えていったことを見て、「ちだ先生、子どもの自治の力ってすごいですね」と私に言ってくださった。子ども同士の話し合いには、子どもを変える力があるのだ。

だから、リクにもそうした活動が必要なのだと思う。リクの何かの発議が認められていった時、今までには味わったことのない自己肯定感を、リクは感じることができると思うのだ。

最後に、学びの問題があるだろう。リクには迫害と思える見えない差別。「けがれちゃったじゃん！」のところで展開されているが、リクが抱えている葛藤をこそ読み開くような学びが必要ではなかったか。また、見えない差別とは何かを子どもたち自身が問い、読み開くことも。

ともあれ、荒れた四年生を立て直すことに山口さんは成功している。山口さんの聞き取りからわかったことだが、持ち上がりの六年生を山口さんは今担任しているらしい。リクは違うクラスだが、とても落ち着いているという。五年生がターニングポイントだったと思う。五年生の山口さんのクラスで「学級はリクにとって信頼できる場所になった」のだ。

VII

学校の変容と教師の課題

――今教師として生きる

塩崎 義明

はじめに

子どもの失敗や間違いに対して、徹底的にダメ出しをし、罰して落ち込ませる……。時には排除するような通告もする……。責任は家庭にあるとして保護者を呼び出し、家庭での「しつけ」の徹底を要求する……。

日本の教師が子どもたちの失敗に、こんなにも厳しく冷酷になってしまったのはいつ頃からでしょうか？　子どもなのですから、いけないとわかりつつやってしまうことだってあるはず……。やけくそになったり暴れたり暴力を押さえきれなかったりすることだってあるでしょう。そんな子どもの事情や背景について言及せず、その行為行動のみをとらえて否定するだけの教師たち。

「厳しくしないと子どもになめられる」という声をよく聞きます。しかし本当に信頼されない教師とは、理不尽に子どもに厳しい教師ではないでしょうか？　寛容な教師が〝バカにされる〟でしょうか？　失敗を受け止め、その原因を一緒に考え、次の見通しを与えてくれる教師が〝なめられて〟いるでしょうか？

しかし一方で私は、そんな日本の教師たちが心の片隅で、子どもたちの失敗を許し、子どもたちと共に生き、子どもたちに自治をする力を育てていきたいと願っていることを知っています。

そこでこの章では、まず日本の教師たちが、自分の意志とは別に、子どもたちに厳しく、冷酷に向き合わなければならなくなった背景を読み解いていきたいと思います。そして、教師として生きていくためのスタンスと実践の糸口をみなさんと一緒にさぐっていくことを目的としたいと思います。

子どもがいうことをきかないわけ

子どもが、いうことをきかないわけ。
それは、教師が、うむもいわさず、
いうことをきかせようとしているから。
子どもの、事情をきいてくれたり、
考えてくれたりしないから。

子どもが、いうことをきかないわけ。
それはそんな教師が好きになれないから。
そんな教師は何をさせようとするかより、
いうことをきかせられるかどうかを、
競い合っているから。

子どもが、いうことをきかないわけ。
そんな教師に、
いうことをきいてしまう仲間や自分が、
嫌いになってしまうから。

子どもが、いうことをきかないわけ。
本当は、自分で考えて行動したいから。
なのに、その権利と自由を
奪おうとするから。

子どもが、いうことをきかないわけ……。
子どもが、いうことをきかないわけ……。

1　学校が〝国〟のものになってしまった

＊「大日本国立小中学校」

日本の公立小中学校が「市立」や「町立・村立」であるのは、教育活動はその地域に根ざしたものでなければならないからです。しかし今はどうでしょうか。各学校判断でその地域に根ざした教育活動ができる環境など皆無と言っても過言ではありません。

二〇〇六年に現行教育基本法が公布・実施されるようになってからその傾向はますます強くなり、国家が決めた教育内容・教育方法を全国どこでも一斉に一律に、そして競争的に取り組まなければならなくなったのです。市立・町立・村立であったはずの公立小中学校が「大日本国立小中学校」になってしまったと言えるのかもしれません。そしてそこから生まれたのは、現場の異常な忙しさと、必要感が感じられないことをやらされる教師のとてつもない「多忙感」、そして「教師と子ども、子ども同士の関係悪化」でした。さらに言えば、「家庭における夫婦間の暴力や精神的疾患を患う人の増加」なども これらのことと無関係ではないと考えています。

＊子どものことは「扨置《さてお》き」

昔から『忙しくて、教材研究の時間がない』と私たち教師は愚痴っていたものです。ところが最近では『忙しくて、〝授業〟をする時間がない』とまで言うようになり、さらには、『忙しくて〝仕事〟ができない』という声が聞かれるほど、異常な多忙さが広がっています。

実は、こうした、最近の学校現場の異常な忙しさと教師の多忙感の背景には、「子どものことは扨置《さてお》き」を強いられる、国づくり優先の教育方針があります。

二〇〇六年に教育基本法が改悪されてから現場では、国家が決めた教育内容や教育方法を、地域の実態や目の前の子どものことは「扨置き」、一斉に一律に、しかも競争的に対応しなければならなくなりました。リアルな子どもたちの現実は扨置き、人間関係を気遣いつつ足並みをそろえ、上から降りてきたことを競争的にこなさなければならない……。これが、最近の学校現場のとてつもない〝多忙感〟の正体だと考えています。

子どものことは扨置《さてお》き

子どものことは扨置くことが強いられる
現場の教師たち。

子どものことは扨置き、
文科省が決めた授業をどの教師も同じように進めなさい。

子どものことは扨置き、
板書の仕方をそろえなさい。
子どものことは扨置き、
文科省が決めた授業時数を守りなさい。
子どものことは扨置き、
学年で掲示物は揃えなさい。
子どものことは扨置き、
気持ちのよい挨拶と返事を教えなさい。
子どものことは扨置き、
履き物を揃えさせましょう。
子どものことは扨置き、
〝子どものために〟仕事をしましょう？？

❇第三次学級崩壊の広がり？　子どもとの関係悪化？

一九八〇年代に最初の学級崩壊問題がありました。バブルの時代にあって、国民の中で公立学校そのものの価値が下がってしまった時代です。ゆとり教育が叫ばれはじめ、一九九二年には低学年の社会科と理科が廃止され、生活科が始まった時代でもあります。こういった時代に第一次学級崩壊の時代があったのです。

第二次学級崩壊の時代は、二〇〇〇年前後から。これは、学校五日制が完全実施されていく過程で学級崩壊が広がっていきました。五日制による多忙化と、平日の時間割が増えて子どもたちのストレスもたまっていった時代です。

そして第三次学級崩壊の時代が教育基本法改悪（二〇〇六年）以降です。これまで書いてきたように、国家が決めたことを一斉に一律に競争的に取り組まなければならなくなった時代。子どものことは捌置きながら、とりあえず上からの指示に対応しなければならない時代にあって、教師と子どもたちとの関係がどんどん悪化していきます。それは、子ども同士、保護者同士の関係においても同様です。また、中学年で細かなところまで行動規制して管理強化した結果、高学年でその不満・不信が爆発する事例が目立つのもこの時代の特徴です。

この時代を乗り越えるためには、教師と子どもたちとの関係を再生しつつ、子ども同士の関係性に着目し、それを民主的関係につくりかえていく指導が求められています。

そのためにはまず教育実践の自由を取り戻し、子どものことを「扨置く」のではなく、逆に上から一方的に降りてくるものを「扨置き」ながら、実践を構築していく必要があるのです。

❇強いられる「子育て自己責任」と家族問題の広がり

教育基本法改悪以降で増えたものが、不登校、教師の精神的疾患、そして児童相談所（以下、児相）からの電話です。児相からの連絡の内容は、夫婦間のトラブルが暴力に発展し、どちらかが警察に通報したために、警察はそれを児相に報告、さらに児相が、家族の子どもの様子をつかむために学校に電話で調査する、というパターンが多いです。

また、荒れたり、仲間に暴力をふるったりする子どもの事情や背景には、親からの身体的暴力や無視、育児放棄等の虐待体験があることがほとんどであることもわかってきています。

これらの家族問題は、国家の価値観によって動かされている学校的価値（高学力や良い子であることの競争）が親・保護者を追いつめていることの結果でもあるとも言えるのではないでしょうか。つまり、

「あんな子になってしまったのは、あの家庭の『しつけ』が悪い」

「子育ては親の責任。自己責任だ」

そんな学校や地域からの無言の圧力の中で、息苦しさを抱えている家庭がほとんどではないでしょうか。親のそういった「追いつめられ」が子どもたちをさらに苦しめ、〝避難場所がない生

活〟を強いることになっています。

2　教師の生きづらさと向き合う

❇実践の自由を取り戻す

精神的疾患が「教師」に多いのはご存知の通りです。実はこのことは学校ごとに違いがあります。つまり、そういったこととは無縁な学校もあるということです。その違いはどこにあるのでしょうか？

意外だと思うかもしれませんが、教師個々が〝独自の指導方法〟で実践している学校には精神的疾患で悩む教師が出る傾向が低い！　というのが私の経験上の〝見立て〟です。

逆に…、〝足並みをそろえる〟〝共通理解をはかる〟といったことが前面に出され、なんでもかんでも同じように足並みをそろえ、見栄えよく実践することが求められる学校は、教師個々が、その〝足並み〟をそろえられない自分を責めてしまう傾向があり、教師自身が壊れてしまう例も少なくないのです。そこで私たちは、「成果や見栄え、そして指導方法については、足並みをそろえなければならない」という思い込みから自分を解放しなければなりません。足並みをそろえることがチームワークであり、教育効果を上げることであり、そのために気遣いや気働きをするのが協同だというのは間違いである、と言うことです。

＊排除と思考停止を生み出す「スタンダード」化

最近では、単に〝足並みをそろえる〟ということだけでなく、教室掲示、板書する場所やチョークの色、発問の仕方や子どものうなずき方……と、あらゆる場面に統一の基準を設ける「スタンダード」化が進みつつあります。これは、その教育効果や目標達成が目的ではなく、その通りにできたかどうかを「結果責任」として問う、というところが今までの「足並みそろえ」「マニュアル化」との違いがあります。さらには、「マニュアルどおりにしない教師」を「マニュアルどおりにできない教師」としてダメ出しをし、排除していこうとする特徴があります。

こういった動きは、教師の生きづらさがますます増すだけでなく、教育目的や子どもたちの成長・発達を願う教師の思考を停止させ、決められたマニュアルによる期待通りに動けない子どもたちに、さらに冷酷になってしまう、といった危険性があります。

そこで、そこから抜け出すための五つの提言を書いておこうと思います。

1　「できる教師」になることにこだわらず、子どもの生きづらさに寄り添いつづける。
2　子どもの生きる現実に注目し、そこから実践をスタートさせることにこだわる。
3　子どもとの対話と応答の中で指導と被指導の関係を一緒に紡ぎだしていく。

4　子どもの現実と成長の事実を、同僚と共有する。

5　子どもが生活と学習の主体となる活動をつくり出す。

できる教師になりたくありませんか？

できる教師になりたくありませんか？

できる教師は、仕事が早い。

できる教師は、掲示物が充実していて教室がきれい。

できる教師は、授業がうまい。

できる教師は、子どもたちから人気がある。

できる教師の学級は、落ち着いている。

できる教師の学級の子どもたちは、仲が良くて優しい。

でも…、

できる教師になろうとして、
子どもたちの真の願いを見落とした。

できる教師になろうとして、
子どもたちの異議申し立てを退けた。

そして、できる教師になれないのを、
子どもたちのせいにした。

✻子どもたちの〝生きづらさ〟と出会う

これまで述べてきたように、今教師でいることが苦しいのは（生きづらいのは）、目の前の子どものことは「扠置《さてお》き」、周りと足並みをそろえるふりをしつつ、かつ競争的に上からの指示に対応しなければならないからです。

こうした教師の「生きづらさ」は、実は子どもたちにも不安と息苦しさを与えていることを自覚しなければなりません。つまり、教師の生きづらさは子どもの生きづらさでもあるということです。

たとえば、話の聞き方・うなずき方まで統一させなければならない今の学校の生きづらさは、教師の生きづらさでもあり、子どもの生きづらさでもあるということです。

しかし実はここに、子どもとの関係をむすぶヒントが隠されています。つまり、教師自身の生きづらさと向き合うことが子どもの生きるストーリーに参加することである、ということです。

そこでまず、自分の「生きづらさ」の正体と背景に向き合い、意見表明していくことから始めてみませんか？　その準備や過程で必ず子どもたちの生きづらさとも出会うことができるはずです。そのことが子ども理解を生み出し、子どもたちと一緒になって学びをつくりだし、活動し、仲間を広げていくことができるのだと考えています。

❇教師の意見表明権を行使する

今の学校現場では、〝上〟からの指示・命令に対しては、たとえそれが理不尽な要求や指示であっても異議申し立てをせず我慢することが潔《いさぎよ》い（正しい）、という思い込みがあるようです。〝上〟からだけではありません。同僚からの提案についても、「大変な中、準備してくれた提案なのだから意見を言っては失礼だ」といった雰囲気のある学校が意外と多いのではないでしょうか。しかし、意見交換のない集団の質は高まりません。そればかりか腐敗することさえあります。また、同僚からの提案に意見しないということは、その取り組みを提案者だけの責任問題にしてしまうことにつながるのだと気づく必要があります。意見を言わない学校が、職員個々の悩みや苦悩についても無関心である傾向があるのは、教育の仕事が責任問題になってしまっていることと無関係ではありません。

教師の意見表明には二種類あります。

一つは、自分たちの仕事の内容や仕方について、そのおかしさについての異議申し立て。そして逆に向上させるためにはどうしたら良いのかという意見表明。二つ目が、子どもたちや保護者の声の代弁。これは実際に耳にしたことだけでなく、子どもたちの様子や言動から読み取れる声にならない「声」の代弁としての意見表明。私たちは、一人の教師として保障されている意見表明権を内に外に行使することで、硬直化した学校を再生させることができるはずです。

3　生活指導教師は元気だ！

❇教師の権利を守ることは子どもの権利を守ること

子どもたちは誰もが差別されず、意見表明ができ、学び、そして成長する権利をもっています。国や学校、そして教師の都合で子どもたちを扱ってはいけません。にもかかわらず、学力向上だ！　などと言いながら、一部の子どもしかついていけない学習を進めることを強いたり、学力テストで理不尽な競争をさせたりしているのが国や文科省です。

本当にすべての子どもの学力を向上させたいのであれば、地域や教室の子どもたちの実態からスタートする自由な実践を、まず教師に保障しなければなりません。

さらに言えば、教師が個々の子どもと対話すること、雑談することは当然保障されなければならないし、実はそれは、子どもにとっては学ぶ権利の保障でもあるのです。雑務に追われ、子どもも一人ひとりと話もできない学校現場は、子どもの権利も奪われている学校であるとも言わざるをえないのです。子どもの権利を守るために、教師の権利は守られなければなりません。

❇保護者と共に悩める教師に

教師は子どもたちや保護者の問いや要求に対して、きちんと答えや成果を出さなければならないという思い込みがあるのではないでしょうか？

しかし当然、「正論」（正しいという意味ではない）では、すぐに問題が解決できないケースがほとんどなわけです。そして答えが出せない問題については、子どもや保護者のせいにしてしまうことも多いのです。たとえば、学校に来られない（行かない）、いわゆる不登校の子ども・保護者に対して、何か悪いことをしているかのようにお説教をしている管理職や教師がいまだにいることもその一つの例です。

教師は、子どもたちや保護者と一緒になって悩むべきです。そして、一緒になって悩むことが〝許される〟教師集団のあり方や可能性について、もっと検討されるべきだと思います。

❇教師は子どもたちにこそ癒される

「どうしていつも、そんなに元気で教師をしていられるのですか？」と聞かれることがあります。私もいつも元気なわけではありません。しかし、もしそう見えるのであれば、同僚に支えられ、子どもたちにこそ癒されていることが自覚できるからかもしれません。

教育に成果を出すことが求められる時代になり、学校現場の大変さ厳しさは、ますます増していいます。子どもたちの指導も年々難しくなり、地域・家族問題は複雑化し、学校が負わなければならない問題もますます大きくなるばかりです。

しかし、「ヤッター！」と叫んだ時の子どもたちのうれしそうな歓声、できなかったことができるようになった時の子どもの笑顔、そんな子どもたちにこそ、私たちは癒されるのではないでしょうか？　そして、そんな子どもたちの笑顔に癒された時、教師は自分の笑顔を取り戻すことができるのかもしれません。

明日の子どもたちの笑顔が楽しみな「教師のしごと」をつくりだしていきたいものです。

教師の良心

教師の良心っていったいなんだろう？

それは、うまくいかないことをけっして子どものせいにしないこと。

それは、子どものことをけっして保護者のせいにしないこと。

常に自分の指導を振り返り、言い訳もせず、
それでいて自分を責めずに、
仲間に支えられていることが
自覚できること。

そして、うまくいかないことをけっして
かくさず、かっこもつけず、
自分はすぐれた教師などと
アピールしたりもしないこと。

けっして名人などにはなろうとせず、
有名にもならず、
いつまでも教室で子どもたちと一緒に
悩むことのできる教師でいるために……

そんな教師としての良心を
ずっと持ち続けていたい。

あとがき

教師の仕事をどう理解するかは人によって多様かもしれないが、私自身は、良心に従った生き方をしてほしいという願いをもって子どもたちの前に立っている。そのためには、自分自身が教師としての良心を持ち続けて、良心に従った行動を選んでいけるようでありたいと思っている。「教師としての良心をずっと持ち続けていたい」と結ばれている第Ⅶ章の最後の詩は、私自身の思いを述べていると言っても過言ではない。

しかしながら、そうした良心を持ち続けることはなかなかに困難であり、さらに、良心に従った行動を貫こうとすると困難は倍増する。会議等の場で、〝すこしおかしくないか?〟と思っても意見を言い出す勇気が出なかったり、自分が言わなくても誰かが発言してくれるのではないか、あるいは、誰も何も言わなかったのだから、自分がおかしいと感じたことも大したことではないんだと思い込んだりしてしまうことがある。さらには、実際に異議に近い発言をすると、後で種々の「指導」や圧力を受けることもある。

子どもとの関係では、自分なりの信念に基づいて「良心的」に子どもに向き合っているのに、うまくいかないときがある。そんなときは、うまくいかない要因を子ども本人や家庭の側にあるように見てしまう捉え方が生まれやすい。「子どものため」という「良心的」な思い込みが、かえって自分の目を曇らせている可能性がある。

そう考えると、良心はそれを持ち続けて、良心に従った行動を貫くことも困難であるが、それだけでなく、良心が良心であるかどうか自己吟味することの難しさも抱えている。

そうした困難や「良心的」な罠からどれだけ自由であるかどうか、それが今日の教師に問われているのではないか。若い教師たちの「良心的」な熱心さを見ていて、そんなことを考えるときがある。

最近、職場のある若い教師が「とても素敵な詩なんです！」と言って、脚本家の倉本聰氏が書いた詩を教えてくれた。その冒頭と終わりの部分を紹介する（倉本聰『谷は眠っていた』理論社、一九八八年）。

今日だけを生きている若者がいる／明日を気にしている若者がいる／未来を考えている若者がいる
不安でいっぱいの若者がいる／不安を忘れようとする若者がいる／不安と闘っている若者がいる

叱られたことのない若者がいる／愛したことのない若者がいる／信じたことのない若者がいる

坐って待っている若者がいる／待っていれば誰かが与えてくれると巣の中の雛のように待つ若者がいる／待っていても何も始まらないと必死に跳ぼうとする若者がいる

……（中略）……

そんな若者の／せめて何人かに／今この俺の／してやれることは何か

今、若い教師たちの多くが子どもを前にして良心的であるべきか否か、逡巡しているように見える。この詩を教えてくれた若い教師も、おそらく、そうした逡巡を吹っ切って自分の良心を信じるために、倉本氏の詩に引き寄せられたのであろう。

良心に従った教育活動を思い切って遂行することをためらわせる力が今日の学校には溢れている。また、良心に基いて望ましいと考えた指導内容や指導方法について、教員間で互いに納得し合えるまで議論できる機会が激減している。教師としての良心に基いて教育をしているというよりも、決められたルーティンに従って動いているロボットに近い職務になっている可能性すらある。

そんな学校現場に今度、「特別の教科道徳」が導入される。教師の良心が窒息しかけている職場に、良心を育むはずの道徳が「特別の教科」として入ってくるという奇妙な事態が進行している。読み物道徳から「考え、議論する道徳」への転換が言われている。道徳について議論することを子どもに勧めるのであれば、教員間においても、指導内容や指導方法等について自由な議論を奨励するべきであろう。しかしながら、自由な議論を奨励する声が教育行政側から聞こえてくる気配はまったくない。現状では、道徳の教科化によって、教師の良心が息絶え、子どもの良心が歪められることにならないかどうかをしっかりと監視する必要があると言わざるを得ない。

そして、そうした監視をしっかり行うためには、なによりも、私たち教師自身の良心が健康であり元気であることが求められる。さらに、子どもの中にある良心の芽に暖かい春風を送って、力強い芽吹きを促す指導力を身に付けたいものである。

本書は、言うまでもなく、読者の良心を励ますものであると確信しているが、同時に、子どもの中に良心が生まれる瞬間とはどういうときであるかを示しているように思う。道徳教育について多面的に考える手がかりにもなるはずである。

二〇一六年三月

関口　武

編者・執筆者一覧

竹内　常一（たけうち・つねかず）編著者・Ⅰ章

1935年生まれ。國學院大學名誉教授。全国生活指導研究協議会常任委員。竹内塾主宰。主著として『生活指導の理論』（明治図書、1969年）『教育への構図』（高文研、1976年）『子どもの自分くずしと自分つくり』（東京大学出版会、1987年）『竹内常一 教育のしごと 全5巻』（青木書店、1995年）『教育を変える』（桜井書店、2000年）、『読むことの教育』（山吹書店、2005年）『今なぜ教育基本法か』（桜井書店、2006年）などがある。

小渕　朝男（おぶち・あさお）編著者・Ⅲ章解説

1956年生まれ。東京大学大学院教育学研究科博士課程満期退学。二松学舎大学教授。全国生活指導研究協議会常任委員。専門は道徳教育論、生活指導論。

関口　武（せきぐち・たけし）編著者・あとがき

1957年生まれ。法政大学法学部卒業。埼玉県立教員養成所卒業後、公立小学校に勤務。全国生活指導研究協議会常任委員。単著に『子どもから企画・提案が生まれる学級』（高文研）、共著に『教室の扉をひらく』（埼生研常任委員会編）。雑誌「生活指導」（高文研）に多くの実践を発表。大学の総合講座や学童保育指導員講座、教員向け講座など全国で講演をする。

浅見　慎一（元公立小学校教諭・駒沢大学講師）まえがき
北山　昇（公立小学校教諭）Ⅲ章実践記録
小室　友紀子（特別支援学校教諭）Ⅱ章解説
齋藤　修（元公立小学校教諭・千葉大学講師）Ⅳ章解説
佐藤　晋也（公立小学校教諭）Ⅴ章解説
里中　広美（公立小学校教諭）Ⅱ章実践記録
塩崎　義明（公立小学校教諭）Ⅶ章
志方　正樹（公立小学校教諭）Ⅴ章実践記録
地多　展英（公立小学校教諭）Ⅵ章解説
豊田　健三郎（公立小学校教諭）Ⅳ章実践記録
山口　隆志（公立小学校教諭）Ⅵ章実践記録　〈五十音順〉

全生研（全国生活指導研究協議会）
1959年に結成され、50有余年の歴史を持つ民間教育研究団体。英文名は、The Japanese Society for Life Guidance Studies. 全国の支部を基礎に小・中学校の教師を中心に研究者も交えた実践交流と研究討議を積み重ね、夏の全国大会の「大会基調」による研究運動方針は、ひろく日本の教育課題を反映したものである。機関誌は『生活指導』（高文研）。
ブログ http://ameblo.jp/zenseiken/

シリーズ教師のしごと第2巻
生活指導と学級集団づくり 小学校
●二〇一六年 四 月一〇日――――第一刷発行
編著者／竹内常一・小渕朝男・関口武
発行所／株式会社 高文研
東京都千代田区猿楽町二―一―八
三恵ビル（〒一〇一―〇〇六四）
電話 03＝3295＝3415
http://www.koubunken.co.jp
印刷・製本／シナノ印刷株式会社
◇万一、乱丁・落丁があったときは、送料当方負担でお取りかえいたします。

ISBN978-4-87498-594-6 C0037